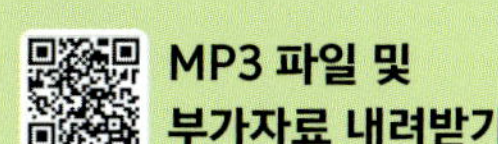

MP3 파일 및
부가자료 내려받기

↓ 정답과 해설, MP3 파일 및 부가자료는 EBS 초등사이트(primary.ebs.co.kr)에서 내려받으실 수 있습니다.

교 재 내 용 문 의   교재 내용 문의는 EBS 초등사이트 (primary.ebs.co.kr)의 교재 Q&A 서비스를 활용하시기 바랍니다.

교 재 정 오 표 공 지   발행 이후 발견된 정오 사항을 EBS 초등사이트 정오표 코너에서 알려 드립니다.
교재 검색 → 교재 선택 → 정오표

교 재 정 정 신 청   공지된 정오 내용 외에 발견된 정오 사항이 있다면 EBS 초등사이트를 통해 알려 주세요.
교재 검색 → 교재 선택 → 교재 Q&A

Step by Step
초등 영구문,
독해의 힘!
LEVEL
2

FEATURES & STUDY FLOW

1. Step Up: From Grammar to Reading

**문장의 구성 성분과 기본 형식 분석을 토대로
정확하고 빠른 독해의 기초를 다지는 교재**

하나의 문장을 이루는 성분들과 이 성분들이 조합된 패턴별
문장 형식을 체화하여 문장의 정확한 의미를 파악하고
글에 대한 빠른 이해력을 향상할 수 있습니다.

2. Useful Information: Background Knowledge

**다양한 주제의 유용한 정보를 습득하여
교과 학습 및 수능까지의 배경지식이 되는 교재**

사회, 과학, 문화, 역사, 예술 등 다양한 분야의
유용한 내용을 담고 있습니다. 이는 교과 학습 및
수능까지 이어지는 기초적인 배경지식으로
독해력 향상은 물론 영어 읽기에 자신감을 가지게 됩니다.

3. Easy Flow: Short and Effective

**세분화된 구문 학습, 학습 내용을 포함한 지문 독해,
다양한 문제 풀이와 꼼꼼한 복습까지 책임지는 교재**

영어 학습을 포기하지 않고 지속할 수 있도록,
세분화된 학습 목표로 설계되었습니다.
Unit별로 빠르게 학습할 수 있도록 구성되어
학습의 어려움을 줄일 수 있고, 독해를 통해
학습의 재미와 실력 향상을 경험할 수 있습니다.

Get Ready

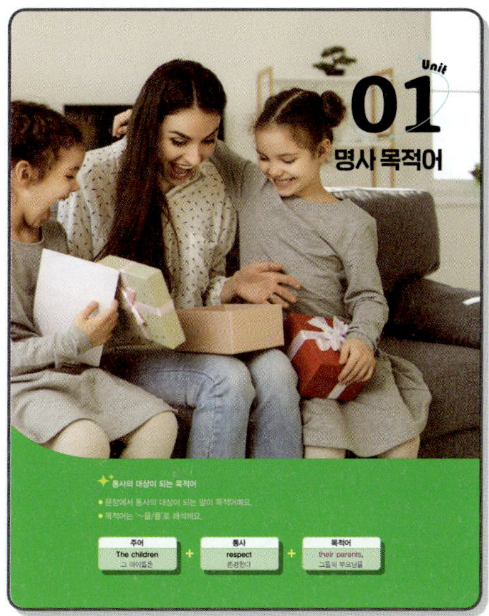

◆ 제목을 읽고, 학습 목표를 확인하세요.
◆ 하단의 간략한 구문 설명과 함께 워밍업을 합니다.

Step In

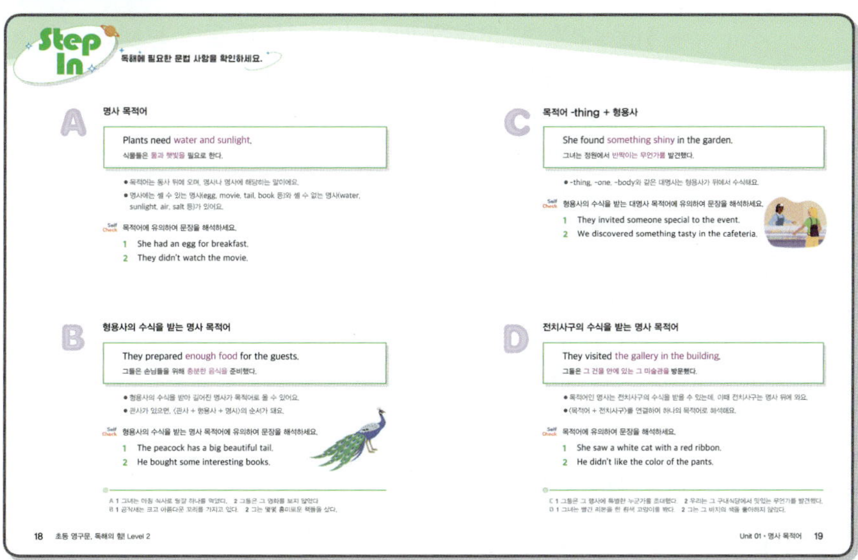

◆ 대표 예문과 함께 세분화된 구문 학습을 합니다.
◆ 예문 하단의 설명을 읽고 좀 더 자세한 사항을 확인합니다.
◆ Self Check를 통해 간단히 확인하고,
  문장 해석을 통해 독해를 위한 워밍업을 합니다.

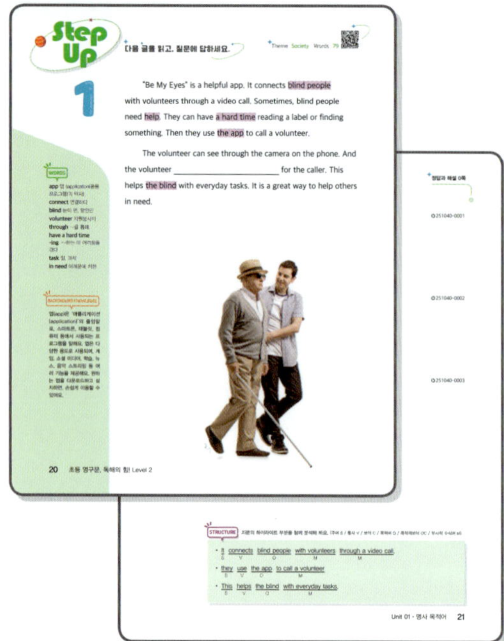

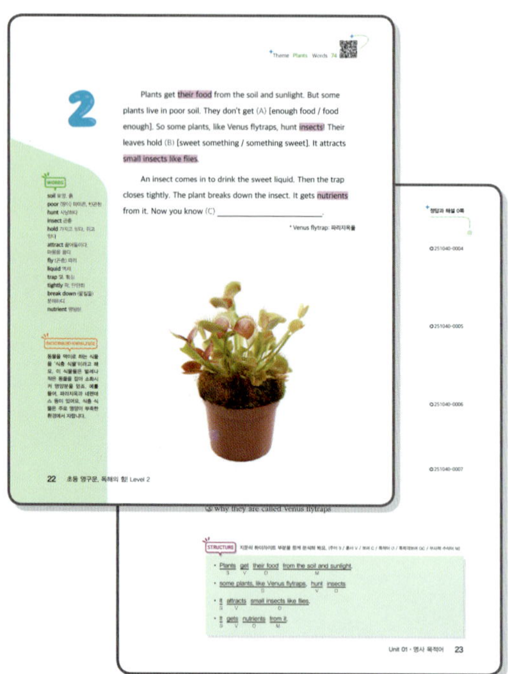

◆ 지문은 Useful Information을 담고 있습니다.
　유용한 내용을 배우며 전체 글의 내용을 파악합니다.

◆ 해당 학습 부분에 하이라이트가 되어 있어요.
　하이라이트 부분에 유의하여 정확한 해석을 합니다.

◆ 글 아래에는 글과 관련된 사진이 제시됩니다.
　사진은 중요한 정보의 하나로, 글의 이해를 돕고
　글에 언급되지 않은 또 다른 정보를 제공하기도 해요.

◆ 왼쪽 단에는 단어의 의미가 제시되어 있어요.
　단어는 독해의 핵심이에요. 모르는 단어 때문에
　독해가 막히지 않도록 의미를 확인하면서 읽어도 돼요.

◆ 단 아래쪽에는 글의 내용과 관련하여 필요한 경우
　추가적인 배경지식이 제공됩니다.

◆ 지문 파악 후, 오른쪽 페이지의 문제를 풀어 보세요.
　문제는 다양한 유형으로 제시됩니다.
　• 주제 파악
　• 제목 파악
　• 주장 파악
　• 내용 일치 (객관식)
　• 내용 일치 (주관식)
　• 내용 일치 (문장 완성)
　• 빈칸 추론
　• 지칭 추론
　• 어법 판단
　• 어휘 판단
　• 요약 완성
　• 분석 정리

◆ 오른쪽 페이지 하단에는 지문의 하이라이트된 부분에 대한
　문장 분석이 1개에서 최대 4개까지 제시되어 있습니다.

◆ 독해가 끝난 후, 페이지 상단의 QR코드를 찍어,
　원어민의 음성으로 지문의 내용을 들어 보세요.
　읽고 이해했던 내용이라 청취가 훨씬 수월하며
　영어 실력이 훌쩍 향상될 수 있어요.

Step Out

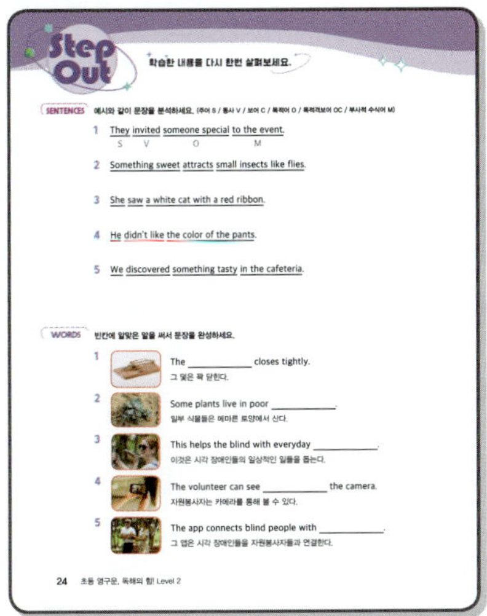

◆ Step In과 Step Up에 나왔던 목표 문장들과
주요 단어들을 복습하며 단원을 마무리합니다.

Workbook

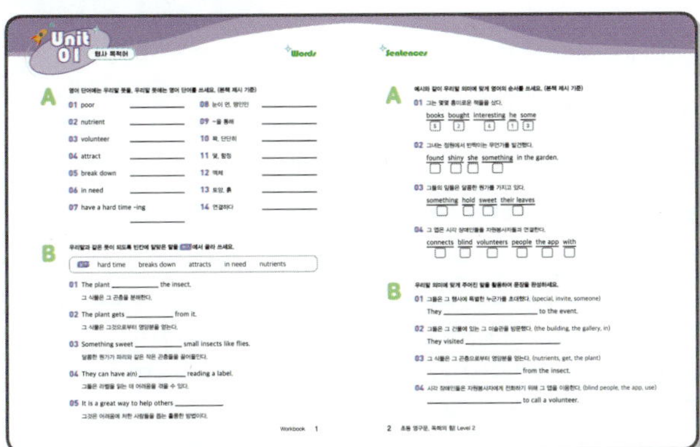

◆ Unit별 단어와 문장에 대한 추가 학습이
〈Workbook〉 별책으로 제공됩니다.

정답과 해설

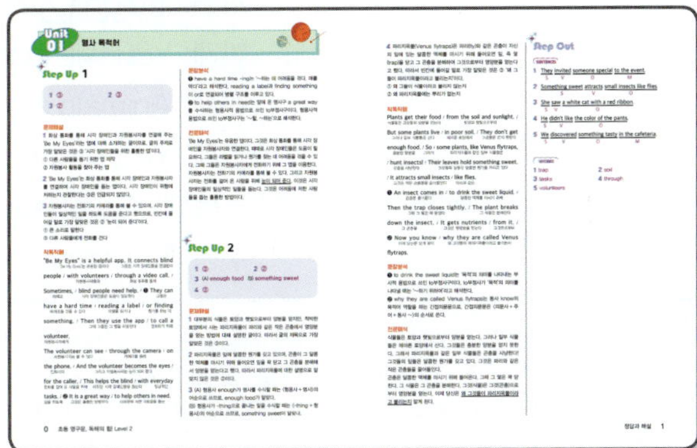

◆ Unit별 정답, 문제해설, 직독직해, 문장분석과
전문해석이 〈정답과 해설〉 별책으로 제공됩니다.

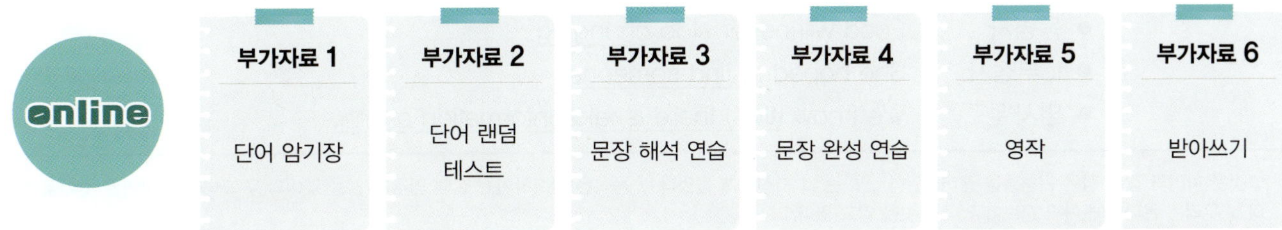

SENTENCE COMPONENTS 문장을 구성하는 성분들

| **주어** | 주어는 문장의 주인공으로 동작의 주체이며, 우리말에서 '~은/는, ~이/가'에 해당하는 말이에요. |

주어로 올 수 있는 말
- 명사   <u>A person in a poncho</u> feels free to move.
- 대명사   <u>This</u> made deep holes.
- 동명사   <u>Recycling things like bottles</u> is important.
- to부정사   <u>To buy and sell items</u> became easier.

판초를 입은 사람은 움직이기가 자유롭다고 느낀다. / 이것이 깊은 구멍들을 만들었다. / 병과 같은 것들을 재활용하는 것이 중요하다. / 물건들을 사고파는 것이 더 쉬워졌다.

| **술어(동사)** | 술어(동사)는 주어를 설명하는 말로, '~하다, ~이다'의 의미를 가져요. |

역할
- 주어 설명
  - 주어의 신분/상태: The basic unit of U.S. money <u>is</u> the dollar.
  - 주어의 행동/동작: Some even <u>share</u> unique things like tools.
- 부정/의문
  - 부정: Bikes <u>are not</u> the only things.
  - 의문: <u>Do</u> you sometimes <u>use</u> a shared bike?
- 시제 표현
  - 현재: We often <u>ride</u> it to school.
  - 과거: It <u>didn't have</u> pedals.
  - 미래: You <u>will learn</u> all the skills.
  - 진행: Animals <u>are losing</u> their homes.
  - 완료: You probably <u>have seen</u> pictures of old windmills.
- 태 표현
  - 능동태: Anyone <u>can create</u> a rainbow of colors.
  - 수동태: A rainbow of colors <u>can be created</u> by anyone.

미국 화폐의 기본 단위는 달러이다. / 몇몇 사람들은 심지어 연장과 같은 독특한 물건들을 공유한다. / 자전거가 유일한 것이 아니다. / 당신은 가끔 공유 자전거를 사용하는가? / 우리는 종종 학교에 그것을 타고 간다. / 그것은 페달을 가지고 있지 않았다. / 당신은 모든 기술을 익힐 것이다. / 동물들은 그들의 집을 잃고 있다. / 당신은 아마 오래된 풍차의 사진들을 본 적이 있을 것이다. / 누구나 무지개 색깔을 만들 수 있다. / 무지개 색깔은 누구에 의해서든 만들어질 수 있다.

| **목적어** | 목적어는 동작(동사)의 대상이 되는 말로, 우리말에서 '~을/를'에 해당하는 말이에요. (참고로, 간접목적어는 '~에게'라고 해석할 수 있어요.) |

목적어로 올 수 있는 말
- 명사   It attracts <u>small insects like flies</u>.
- 대명사   He asked <u>himself</u>.
- 동명사   Food will never stop <u>changing</u>.
- to부정사   She hoped <u>to find someone</u>.
- 명사절   We know <u>(that) there is fake information online</u>.

그것은 파리와 같은 작은 곤충들을 끌어들인다. / 그는 그 자신에게 물었다. / 음식은 변화하기를 절대 멈추지 않을 것이다. / 그녀는 누군가를 찾기를 희망했다. / 우리는 온라인에 가짜 정보가 있다는 것을 알고 있다.

보어	보어는 보충해 주는 말로, 주어나 목적어를 보충 설명해 줘요.

주격보어로 올 수 있는 말		
	● (대)명사	Recycling is <u>one way</u>.
	● 형용사	The weather is <u>perfect</u> for a picnic.
	● 동명사	Her job is <u>keeping the building safe</u>.
	● to부정사	The first goal is <u>to save money</u>.
	● 명사절	The problem is <u>that they don't recycle things</u>.

목적격보어로 올 수 있는 말		
	● 명사/형용사	People called it "<u>Black Summer</u>."
	● to부정사	Some advise them <u>to delete the comments</u>.
	● 원형부정사	It makes wildfires <u>happen more often</u>.
	● 현재분사	We see more wildfires <u>burning large areas</u>.

재활용이 한 가지 방법이다. / 소풍을 가기에 날씨가 완벽하다. / 그녀의 일은 그 건물을 안전하게 지키는 것이다. / 첫 번째 목표는 돈을 모으는 것이다. / 문제는 그들이 물건들을 재활용하지 않는다는 것이다. / 사람들은 그것을 '검은 여름'이라고 불렀다. / 어떤 사람들은 그들에게 그 댓글들을 지우라고 조언한다. / 그것은 산불이 더 자주 발생하게 만든다. / 우리는 더 많은 산불이 넓은 지역을 불태우는 것을 본다.

수식어	수식어에는 형용사적 수식어와 부사적 수식어가 있어요.

형용사 역할		
	● 형용사	Each person has their <u>favorite</u> sports.
	● 전치사구	People <u>in New Zealand</u> go crazy about rugby.
	● to부정사	There are some magic words <u>to use</u>.

부사 역할		
	● 부사	They all love sports <u>very much</u>.
	● 전치사구	<u>Like this</u>, there are more popular sports <u>in each country</u>.
	● to부정사	People use the subway <u>to travel quickly</u>.
	● 부사절	<u>When the sun set</u>, they enjoyed the beautiful view.

각 사람은 자신이 가장 좋아하는 스포츠가 있다. / 뉴질랜드의 사람들은 럭비에 열광한다. / 사용할 몇몇 마법의 말이 있다. / 그들은 모두 스포츠를 매우 많이 사랑한다. / 이처럼, 각 나라에는 더 인기 있는 스포츠들이 있다. / 사람들은 빠르게 이동하기 위해서 지하철을 이용한다. / 해가 졌을 때, 그들은 그 아름다운 경치를 즐겼다.

문장 성분 개요도 문장은 다섯 가지 성분으로 구성돼요.

문장

성분   주어   동사   목적어   보어   수식어

SENTENCE PATTERNS 문장 성분의 조합 패턴 (문장 형식)

| **1형식** | 주어(S) + 동사(V) |

1형식은 동사 뒤에 보어나 목적어가 없는 문장이에요.

- S + V   The plane crashed.
- S + V (+ 수식어)   He was traveling (on a plane) (in Africa).
- S + V + 수식어   They are going to the shopping mall.

그 비행기는 추락했다. / 그는 아프리카에서 비행기로 여행하고 있었다. / 그들은 쇼핑몰에 가는 중이다.

| **2형식** | 주어(S) + 동사(V) + 보어(C) |

2형식은 동사 뒤에 주어를 보충 설명하는 보어가 있는 문장이에요.

보어로 올 수 있는 말

- (대)명사   An air conditioner is a great invention.
- 형용사   Printing was difficult in the summer.
- 동명사   Her job is keeping the building safe.
- to부정사   The first goal is to save money.
- 명사절   The problem is that they don't recycle things.

* 주로 be동사와 몇몇 일반동사들이 보어를 필요로 해요.
- 일반동사 + 명사 보어: Tons of garbage become an island.
- 일반동사 + 형용사 보어: They become easier.

에어컨은 위대한 발명품이다. / 여름에는 인쇄가 어려웠다. / 그녀의 일은 그 건물을 안전하게 지키는 것이다. / 첫 번째 목표는 돈을 모으는 것이다. / 문제는 그들이 물건들을 재활용하지 않는다는 것이다. / 쓰레기 수 톤이 섬이 된다. / 그것들은 더 쉬워진다.

| **3형식** | 주어(S) + 동사(V) + 목적어(O) |

3형식은 동사의 목적어가 있는 문장이에요.

목적어로 올 수 있는 말

- 명사   Our blood carries oxygen to the cells.
- 대명사   He asked himself.
- 동명사   Food will never stop changing.
- to부정사   She hoped to find someone.
- 명사절   We all know that animals need oxygen.

우리의 피는 세포로 산소를 나른다. / 그는 그 자신에게 물었다. / 음식은 변화하기를 절대 멈추지 않을 것이다. / 그녀는 누군가를 찾기를 희망했다. / 우리 모두는 동물들이 산소를 필요로 한다는 것을 알고 있다.

4형식	주어(S) + 동사(V) + 간접목적어(IO) + 직접목적어(DO)

4형식은 동사 뒤에 간접목적어(~에게)와 직접목적어(~을/를)가 있는 문장이에요. 간접목적어는 주로 사람, 직접목적어는 사물인 경우가 많아요.

- 4형식   It is sending <u>us</u> <u>data</u>.

* 4형식 문장은 3형식 문장으로 전환해서 사용할 수 있어요.
- 4형식   It will bring <u>us</u> <u>the answers</u>.
- 3형식   It will bring <u>the answers</u> to us.

그것은 우리에게 데이터를 보내 주고 있다. / 그것은 우리에게 그 답들을 가져다줄 것이다.

5형식	주어(S) + 동사(V) + 목적어(O) + 목적격보어(OC)

5형식은 동사 뒤에 목적어와 목적격보어가 있는 문장이에요. 목적격보어는 목적어를 보충 설명하는 역할을 해요.

목적격보어로 올 수 있는 말
- 명사   People call these cities <u>green cities</u>.
- 형용사   His films made people <u>happy</u>.
- to부정사   We all want our cities <u>to be better places</u>.
- 원형부정사   These gardens help the buildings <u>cool down</u>.
- 현재분사   He saw the judges <u>picking someone else</u>.

사람들은 이런 도시들을 녹색 도시라고 부른다. / 그의 영화들은 사람들을 행복하게 만들었다. / 우리는 모두 우리의 도시들이 더 좋은 곳이 되기를 원한다. / 이런 정원들은 그 건물들이 식도록 돕는다. / 그는 심판들이 다른 사람을 뽑고 있는 것을 봤다.

문장 형식 개요도   동사 뒤에 오는 성분에 따라 문장 형식이 달라져요.

STEP UP to READING

1. Main Idea

Unit별로 집중하고 있는 구문 학습 내용을 포함하는 글을 읽어요.
글 읽기의 궁극적 목적은 글의 중심 생각을 파악하는 것으로,
처음부터 세부적인 내용 파악에 치중하기보다는 전체적으로
'무엇에 관한 내용인가'에 초점을 맞추어 글을 읽는 것이 중요해요.

글의 중심 생각을 묻는 질문들

- 주제 파악
- 제목 파악
- 주장 파악
- 요약 완성

정답과 오답 분석

- 정답: 글의 중심 생각이며, 전반적인 내용을 아우르고 있어요.
- 오답: 글의 중심이 아니거나, 글의 일부분에 해당하는 내용이에요.

2. Supporting Details

중심 생각을 뒷받침하기 위해 다양한 기법이 사용돼요.
예를 들어, 주인공이 성실하다는 중심 생각을 전달하려면,
한 번도 지각을 한 적이 없다는 실제 사례를 들거나
다른 사람과 비교를 하는 등 중심 생각을 변론하는
말들이 필요해요. 이런 세부 사항을 파악하는 것은
글의 중심 생각을 이해하는 데 도움이 돼요.

글에서 중요한 세부 사항

- 원인, 결과
- 예시, 실례
- 비교, 대조
- 문제, 해결

세부 사항 파악 시 알아 둘 점

- 문제에서 묻고 있는 부분을 글에서 빠르게 찾아 주변을 꼼꼼히
  읽어야 해요.
- 글의 내용과 정확하게 일치하는지, 글에서 다루는 사실에
  해당하는지를 파악해야 해요.

READING LEVELS CROSSWALK CHART

■ 초등 영문법, 독해의 힘! Level 1~4　■ 초등 영구문, 독해의 힘! Level 1~3

Grade Level (미국 기준 초등학교 수준)	AR	Lexile	영문법 교재	영구문 교재
K, 1	0.20	25		
K, 1	0.50	50		
K, 1	0.65	75		
1	0.85	100		
1	1.00	125		
1	1.10	150		
1	1.30	175		
1	1.55	200		
1, 2	1.70	225		
1, 2	1.80	250		
1, 2	2.00	275	■	
2	2.20	300	■	
2	2.40	325	■	
2, 3	2.50	350	■	
2, 3	2.70	375	■	
2, 3	2.80	400	■	
2, 3	3.10	425	■	■
2, 3	3.20	450	■	■
2, 3, 4	3.50	475	■	■
2, 3, 4	3.60	500	■	■
2, 3, 4	3.65	525	■	■

Grade Level (미국 기준 초등학교 수준)	AR	Lexile	영문법 교재	영구문 교재
2, 3, 4	3.70	550	■	■
2, 3, 4	3.80	575	■	■
3, 4	3.85	600		■
3, 4, 5	3.90	625		■
3, 4, 5	4.10	650		■
3, 4, 5, 6	4.20	675		■
3, 4, 5, 6	4.30	700		■
3, 4, 5, 6	4.40	725		■
4, 5, 6	4.60	750		
4, 5, 6	4.80	775		
4, 5, 6	4.85	800		
4, 5, 6	4.90	825		
5, 6	5.05	850		
5, 6	5.30	875		
5, 6	5.45	900		
5, 6	5.55	925		
5, 6	5.60	950		
6	5.70	975		
6	5.90	1000		
6	6.20	1025		
	6.40	1050		

*Step by Step 시리즈의 난이도 판단 및 교재 선택을 위한 참고 도표이며, 절대적인 지표는 아님을 알려 드립니다.

Step by Step 시리즈 독해 지문 수준

〈초등 영문법, 독해의 힘! Level 1~4〉: 미국 초등학교 2학년, 한국 초등학교 4~5학년, AR지수 약 2.00~3.80 수준

〈초등 영구문, 독해의 힘! Level 1~3〉: 미국 초등학교 3학년, 한국 초등학교 5학년~예비중, AR지수 약 3.10~4.50 수준

CONTENTS _ Level 2

Level	Unit	Sentence		A	B	C	D
1	01	문장 형식	1형식 문장	1형식 〈주어 + 동사〉	부사(구)가 붙는 1형식	부사(구)가 필요한 1형식	
	02		2형식 문장	be동사의 명사 보어	be동사의 형용사 보어	일반동사의 보어	
	03		3형식 문장	명사 목적어	동명사 목적어	to-V 목적어	that절 목적어
	04		4형식 문장	목적어가 두 개인 4형식	3형식 전환 (to)	3형식 전환 (for)	
	05		5형식 문장	명사, 형용사 목적격보어	to-V 목적격보어	원형부정사 목적격보어	현재분사 목적격보어
	06	주어	명사 주어	〈a(n) + 단수 명사〉	복수 명사	셀 수 없는 명사	〈the + 명사〉
	07		대명사 주어	주격 인칭대명사	지시대명사	부정대명사	지시형용사, 부정형용사
	08		There is/are ~	There is ~	There are ~	There is/are not ~	Is/Are there ~?
	09		긴 주어	형용사의 수식	둘 이상의 형용사 수식	전치사구의 수식	
	10		동명사 주어	동명사 주어	동명사의 목적어나 보어	동명사의 수식어	동명사 주어의 수
	11		to부정사 주어	to-V 주어	to-V의 수식어	가주어와 진주어	
	12		it의 다양한 쓰임	인칭대명사 it	앞서 언급된 것 지칭 it	비인칭 주어 it	가주어 it

Level	Unit	Sentence		A	B	C	D
3	01	동사	동사의 역할	주어의 상태나 동작 표현	시제 표현	부정 표현	의문 표현
	02		현재와 과거시제	be동사의 현재시제	be동사의 과거시제	일반동사의 현재시제	일반동사의 과거시제
	03		미래시제	will	will의 부정문과 의문문	be going to	be going to의 부정문과 의문문
	04		진행형	현재진행형	과거진행형	진행형의 부정문	진행형의 의문문
	05		현재완료	과거시제와 현재완료	현재완료의 형태	현재완료의 의미 1: 경험	현재완료의 의미 2: 계속
	06		수동태	수동태의 개념과 형태	〈by + 행위자〉 생략	수동태의 부정문과 의문문	조동사를 포함한 수동태
	07		조동사 can, may, should	능력, 가능 can	추측, 허가 may	충고, 조언 should	can과 may의 부정문과 의문문
	08		조동사 must, have to	의무, 강한 추측 must	의무, 강한 충고 have to	must와 have to의 부정문	must와 have to의 의문문
	09	접속사	등위접속사	and	but	or	so
	10		부사절 1	when	before	after	until
	11		부사절 2	while	as	because	if
	12	의문사	의문사	의문사	how + 형용사/부사	what/which + 명사	whose + 명사

COMMUNICATIVE LINGUISTIC FORM

#	범주	권장	예문	Level 1	Level 2	Level 3
1			The baby cried.	Unit 01		
2			She stayed in bed.	Unit 01		
3		초	He is a math teacher.	Unit 02	Unit 08	
4	문장 형식		You look happy today.	Unit 02	Unit 09	
5			I like gimbap.	Unit 03		
6			You can put the dish on the table.	Unit 03		
7		중	He gave me a present.	Unit 04	Unit 06	
8			They elected him president.	Unit 05	Unit 10	
9		초	Kate is from London.	Unit 06		
10	명사		A boy/The boy/The (two) boys ran in the park.	Unit 06	Unit 11	
11			Water is very important for life.	Unit 06	Unit 11	
12		중	The water in this river is clean.	Unit 06		
13			The store is closed.	Unit 06		
14	한정사	초	This book is very interesting.	Unit 07		
15			That dog is smart.	Unit 07		
16			These/Those books are really large.	Unit 07		
17			Which do you like better, this or that?	Unit 07		
18			These are apples, and those are tomatoes.	Unit 07		
19			I like your glasses. What about mine?		Unit 02	
20		초	We are very glad to hear from him.	Unit 07	Unit 02, 07	
21	대명사		He will help her.		Unit 02	
22			They're really delicious.	Unit 07		
23			She is a scientist, and he's a teacher.	Unit 07		
24			Susan likes math, but John doesn't like it.	Unit 12		
25		중	You should be proud of yourself.		Unit 02, 07	
26			He praised himself in the meeting.		Unit 02	
27			I don't like the black coat, but I like the brown one.	Unit 07		
28	부정대명사	중	These cups are dirty. Could I have some clean ones?	Unit 07		
29			I have three books. One is mine. The others are yours.	Unit 07		
30			The chocolate cookie is sweet. I'm going to have another one.	Unit 07		
31	후치 수식	중	Something strange happened last night.		Unit 01	
32	There	초	There are two books on the desk.	Unit 08		
33	가주어 it	중	It is important to protect our environment.	Unit 11		
34			It's cold outside.	Unit 12		
35			It's Wednesday.	Unit 12		
36	비인칭 it	초	It's half past four.	Unit 12		
37			It's windy today.	Unit 12		
38			It's far from here.	Unit 12		
39			He walks to school every day.			Unit 02
40			We (usually) meet after lunch.			Unit 02
41	시제	초	We played soccer yesterday.			Unit 02
42			She is going to visit her grandparents next week.			Unit 03
43			I will visit New York next year.			Unit 03
44	진행형	초	He is sleeping now.			Unit 04
45		중	I was studying when John called me.			Unit 04
46			The train has arrived.			Unit 05
47	완료형	중	Have you ever been to Florida?			Unit 05
48			He has attended the club meetings regularly.			Unit 05
49			The bakery has been open since 1960.			Unit 05
50			Can we sit down in here?			Unit 07
51		초	May I borrow your book?			Unit 07
52			You may leave now.			Unit 07
53			She can play the violin.			Unit 07
54	조동사		He may be sick.			Unit 07
55			Children may not use the swimming pool.			Unit 07
56		중	You should do as he says.			Unit 07
57			You shouldn't be so impatient.			Unit 07
58			They must do well on the test.			Unit 08
59			That must be my daughter.			Unit 08

#	범주	권장	예문	Level 1	Level 2	Level 3
60	수동태	중	The novel was written by Mark Twain.			Unit 06
61			The building was built in 1880.			Unit 06
62			A prize was given to Jasmin.			Unit 06
63			Cooper will be invited to today's meeting.			Unit 06
64	사역동사/ 지각동사	중	I made him carry the box.		Unit 10	
65			They had me repeat the same things.		Unit 10	
66			You shouldn't let him go there again.		Unit 10	
67			My mom got me to clean the room.		Unit 10	
68			I heard the children sing/singing.		Unit 10	
69			I saw him lying on the sofa.		Unit 10	
70	to부정사	중	To see is to believe.	Unit 11	Unit 08	
71			He wanted to go home.		Unit 04	
72			I hope to see you again soon.		Unit 04	
73			I have a book to read.		Unit 12	
74			He came to see me.		Unit 12	
75			He told me not to do it again.		Unit 10	
76			Dan wanted Betty to behave herself.		Unit 10	
77			I asked her to help me.		Unit 10	
78			I helped my mom (to) wash the dishes.		Unit 10	
79			Mike is slow to react.		Unit 12	
80			Chris was glad to hear the news.		Unit 12	
81			Ray is hesitant to agree with you.		Unit 12	
82			Ron is easy to please.		Unit 12	
83	동명사	중	Playing baseball is fun.	Unit 10		
84			We enjoy swimming in the pool.		Unit 03	
85			I'm interested in watching horror movies.		Unit 07	
86	부정문	초	I am not tired.			Unit 01
87			It isn't very cold.			Unit 01
88			I don't like snakes.			Unit 01
89			You can't swim here.			Unit 07
90			We didn't enjoy the movie very much.			Unit 01
91			Tom won't be at the meeting tomorrow.			Unit 03
92		중	They haven't told him what to do.			Unit 05
93	의문문	초	Whose dolls are these?			Unit 12
94			Which ice cream do you like, vanilla or chocolate?			Unit 12
95			What size is this shirt?			Unit 12
96			What time is it?			Unit 12
97			How old is she?			Unit 12
98			How big is the house?			Unit 12
99			How heavy is your computer?			Unit 12
100			How much is it?			Unit 12
101		중	Have you finished your homework yet?			Unit 05
102			What kind of job do you want?			Unit 12
103			Which color do you prefer?			Unit 12
104			How far did you drive today?			Unit 12
105	명사절	중	I don't know where he lives.		Unit 05	
106			Please tell me what happened.		Unit 05, 06	
107			Tell me how to make cookies.		Unit 05	
108			I think (that) he is a good actor.		Unit 05	
109	등위접속사	초	Andy plays the guitar, and his sister plays the piano.			Unit 09
110			They are my neighbors, but I don't know them well.			Unit 09
111		중	I may stop by tomorrow or just phone you.			Unit 09
112	종속접속사	초	He went to bed because he was sleepy.			Unit 11
113		중	If oil is mixed with water, it floats.			Unit 11
114			We're going to play baseball tomorrow unless it rains.			Unit 11
115			When we arrived, she was talking on the phone.			Unit 10

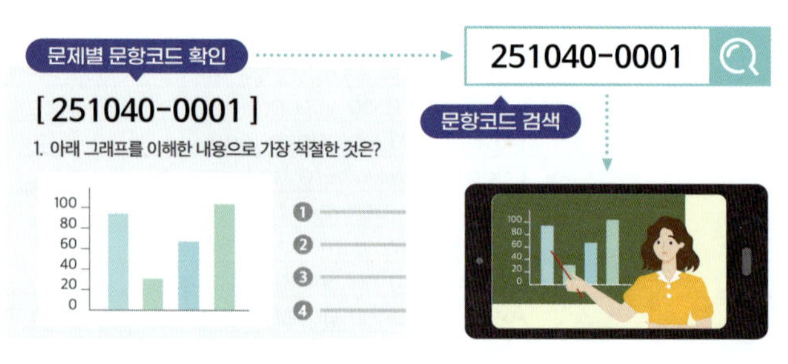

인공지능 DANCHOQ
푸리봇 문|제|검|색

EBS 초등사이트와 EBS 초등 APP 하단의
AI 학습도우미 푸리봇을 통해 문항코드를
검색하면 푸리봇이 해당 문제의 해설 강의를
찾아 줍니다.

문제별 문항코드 확인

[251040-0001]

1. 아래 그래프를 이해한 내용으로 가장 적절한 것은?

100
80
60
40
20
0

①
②
③
④

251040-0001

문항코드 검색

동사의 대상이 되는 목적어

- 문장에서 동사의 대상이 되는 말이 목적어예요.
- 목적어는 '~을/를'로 해석해요.

주어		동사		목적어
The children 그 아이들은	+	respect 존경한다	+	their parents. 그들의 부모님을

독해에 필요한 문법 사항을 확인하세요.

A 명사 목적어

> **Plants need water and sunlight.**
> 식물들은 물과 햇빛을 필요로 한다.

- 목적어는 동사 뒤에 오며, 명사나 명사에 해당하는 말이에요.
- 명사에는 셀 수 있는 명사(egg, movie, tail, book 등)와 셀 수 없는 명사(water, sunlight, air, salt 등)가 있어요.

Self Check 목적어에 유의하여 문장을 해석하세요.

1 She had an egg for breakfast.

2 They didn't watch the movie.

B 형용사의 수식을 받는 명사 목적어

> **They prepared enough food for the guests.**
> 그들은 손님들을 위해 충분한 음식을 준비했다.

- 형용사의 수식을 받아 길어진 명사가 목적어로 올 수 있어요.
- 관사가 있으면, 〈관사 + 형용사 + 명사〉의 순서가 돼요.

Self Check 형용사의 수식을 받는 명사 목적어에 유의하여 문장을 해석하세요.

1 The peacock has a big beautiful tail.

2 He bought some interesting books.

A **1** 그녀는 아침 식사로 달걀 하나를 먹었다. **2** 그들은 그 영화를 보지 않았다.
B **1** 공작새는 크고 아름다운 꼬리를 가지고 있다. **2** 그는 몇몇 흥미로운 책들을 샀다.

C 목적어 -thing + 형용사

She found **something shiny** in the garden.
그녀는 정원에서 반짝이는 무언가를 발견했다.

● -thing, -one, -body와 같은 대명사는 형용사가 뒤에서 수식해요.

Self Check 형용사의 수식을 받는 대명사 목적어에 유의하여 문장을 해석하세요.

1 They invited someone special to the event.
2 We discovered something tasty in the cafeteria.

D 전치사구의 수식을 받는 명사 목적어

They visited **the gallery in the building**.
그들은 그 건물 안에 있는 그 미술관을 방문했다.

● 목적어인 명사는 전치사구의 수식을 받을 수 있는데, 이때 전치사구는 명사 뒤에 와요.
● 〈목적어 + 전치사구〉를 연결하여 하나의 목적어로 해석해요.

Self Check 목적어에 유의하여 문장을 해석하세요.

1 She saw a white cat with a red ribbon.
2 He didn't like the color of the pants.

C 1 그들은 그 행사에 특별한 누군가를 초대했다.　2 우리는 그 구내식당에서 맛있는 무언가를 발견했다.
D 1 그녀는 빨간 리본을 한 흰색 고양이를 봤다.　2 그는 그 바지의 색을 좋아하지 않았다.

Step Up 1

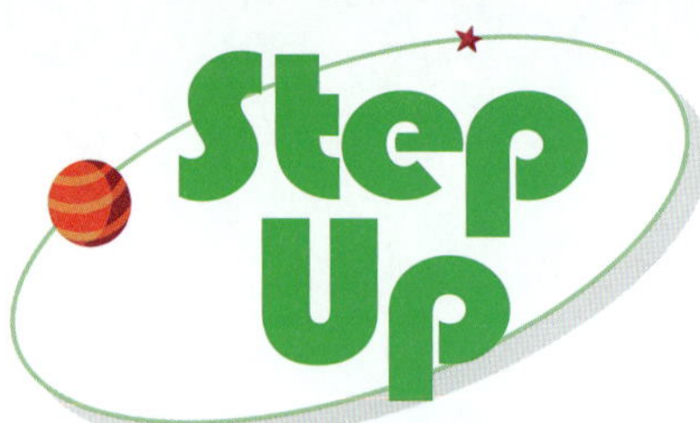

다음 글을 읽고, 질문에 답하세요.

"Be My Eyes" is a helpful app. It connects blind people with volunteers through a video call. Sometimes, blind people need help. They can have a hard time reading a label or finding something. Then they use the app to call a volunteer.

The volunteer can see through the camera on the phone. And the volunteer ________________________ for the caller. This helps the blind with everyday tasks. It is a great way to help others in need.

1 글의 주제로 가장 알맞은 것은?

251040-0001

① creating an app to help others

② an app to find volunteer work

③ a great app for the blind

2 "Be My Eyes"에 대한 설명으로 언급되지 <u>않은</u> 것은?

251040-0002

① 자원봉사자와 시각 장애인을 연결한다.

② 시각 장애인에게 도움이 되는 앱이다.

③ 시각 장애인이 위험에 처하는지 관찰한다.

3 글의 빈칸에 들어갈 말로 가장 알맞은 것은?

251040-0003

① speaks up loudly

② becomes the eyes

③ calls other people

STRUCTURE : 지문의 하이라이트 부분을 함께 분석해 봐요. (주어 S / 동사 V / 보어 C / 목적어 O / 목적격보어 OC / 부사적 수식어 M)

- It connects blind people with volunteers through a video call.
  S   V   O   M   M

- they use the app to call a volunteer
  S   V   O   M

- This helps the blind with everyday tasks.
  S   V   O   M

2

Plants get their food from the soil and sunlight. But some plants live in poor soil. They don't get (A) [enough food / food enough]. So some plants, like Venus flytraps, hunt insects! Their leaves hold (B) [sweet something / something sweet]. It attracts small insects like flies.

An insect comes in to drink the sweet liquid. Then the trap closes tightly. The plant breaks down the insect. It gets nutrients from it. Now you know (C) ___________________________.

* Venus flytrap: 파리지옥풀

WORDS

soil 토양, 흙
poor (땅이) 메마른, 빈곤한
hunt 사냥하다
insect 곤충
hold 가지고 있다, 쥐고 있다
attract 끌어들이다, 마음을 끌다
fly (곤충) 파리
liquid 액체
trap 덫, 함정
tightly 꽉, 단단히
break down (물질을) 분해하다
nutrient 영양분

BACKGROUND KNOWLEDGE

동물을 먹이로 하는 식물을 '식충 식물'이라고 해요. 이 식물들은 벌레나 작은 동물을 잡아 소화시켜 영양분을 얻죠. 예를 들어, 파리지옥과 네펜데스 등이 있어요. 식충 식물은 주로 영양이 부족한 환경에서 자랍니다.

1 글의 제목으로 가장 알맞은 것은? ▶251040-0004

제목 파악
① 식물과 곤충이 살아남는 데 필요한 것
② 파리지옥풀이 흙 없이 살 수 있는 비법
③ 파리지옥풀이 곤충을 잡는 이유와 방법

2 파리지옥풀에 대한 설명으로 알맞지 <u>않은</u> 것은? ▶251040-0005

내용 일치
① 잎에 곤충을 유인하는 물질이 있다.
② 근처에 오는 곤충을 빠르게 낚아챈다.
③ 잡은 곤충을 분해하여 양분을 얻는다.

3 글의 (A)와 (B)에서 알맞은 말을 각각 골라 쓰세요. ▶251040-0006

어법 판단
(A) _________________________________
(B) _________________________________

4 글의 빈칸 (C)에 들어갈 말로 가장 알맞은 것은? ▶251040-0007

빈칸 추론
① why they are not called plants
② why Venus flytraps have no roots
③ why they are called Venus flytraps

STRUCTURE 지문의 하이라이트 부분을 함께 분석해 봐요. (주어 S / 동사 V / 보어 C / 목적어 O / 목적격보어 OC / 부사적 수식어 M)

- Plants <u>get</u> their food from the soil and sunlight.
  S   V   O   M

- some plants, like Venus flytraps, hunt insects
  S   V   O

- It attracts small insects like flies.
  S V   O

- It gets nutrients from it.
  S V   O   M

Step Out

학습한 내용을 다시 한번 살펴보세요.

SENTENCES 예시와 같이 문장을 분석하세요. (주어 S / 동사 V / 보어 C / 목적어 O / 목적격보어 OC / 부사적 수식어 M)

1 They invited someone special to the event.
　　　 S　　 V　　　　 O　　　　　 M

2 Something sweet attracts small insects like flies.

3 She saw a white cat with a red ribbon.

4 He didn't like the color of the pants.

5 We discovered something tasty in the cafeteria.

WORDS 빈칸에 알맞은 말을 써서 문장을 완성하세요.

1 The ______________ closes tightly.
그 덫은 꽉 닫힌다.

2 Some plants live in poor ______________.
일부 식물들은 메마른 토양에서 산다.

3 This helps the blind with everyday ______________.
이것은 시각 장애인들의 일상적인 일들을 돕는다.

4 The volunteer can see ______________ the camera.
자원봉사자는 카메라를 통해 볼 수 있다.

5 The app connects blind people with ______________.
그 앱은 시각 장애인들을 자원봉사자들과 연결한다.

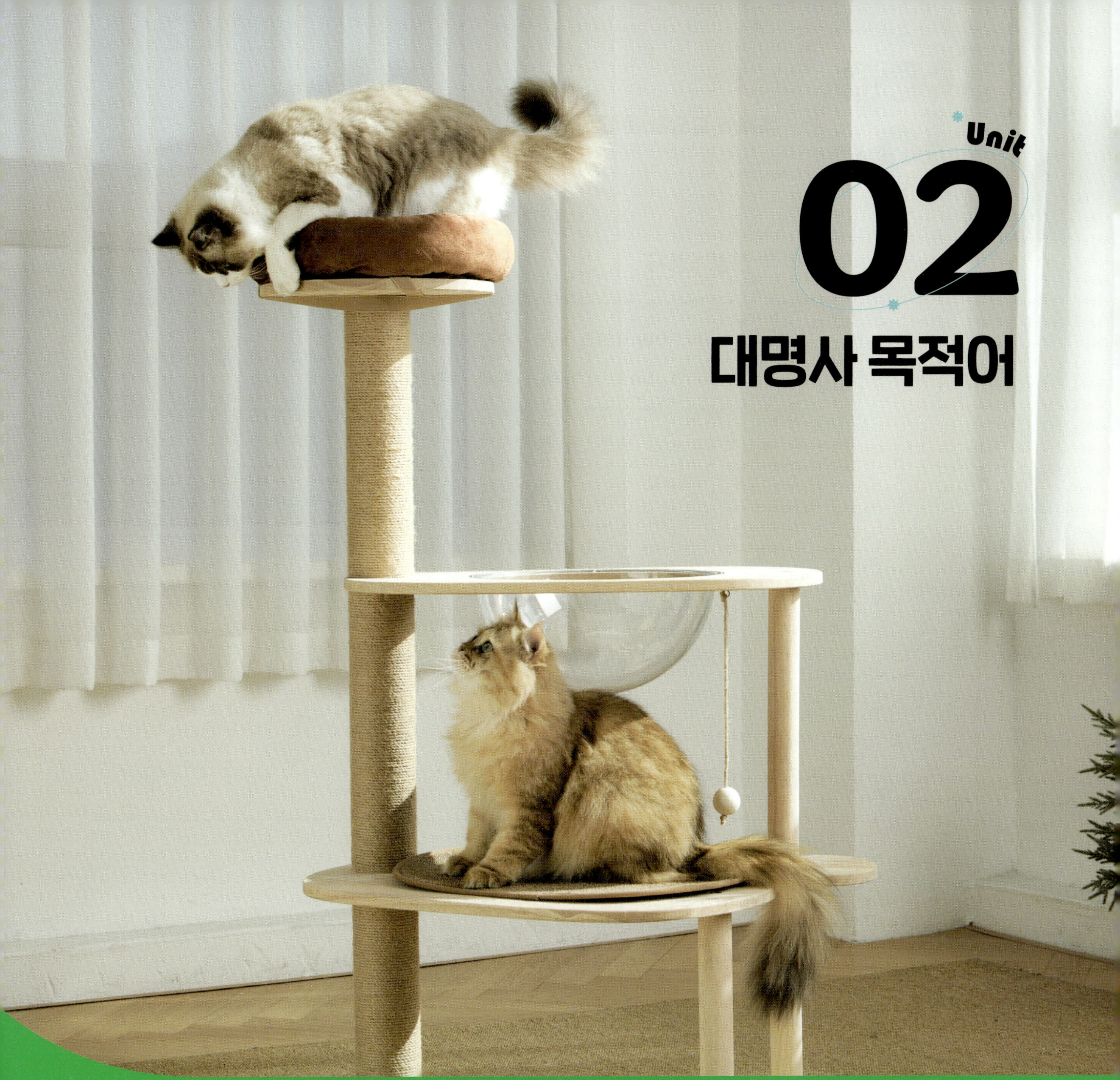

Unit 02

대명사 목적어

목적어로 쓰이는 대명사

- 명사뿐 아니라 대명사도 목적어로 올 수 있어요.
- 목적어 자리에는 인칭대명사의 목적격을 써야 해요.

주어		동사		목적어		
She 그녀는	+	raises 키운다	+	them 그들을	+	in the house. 집안에서

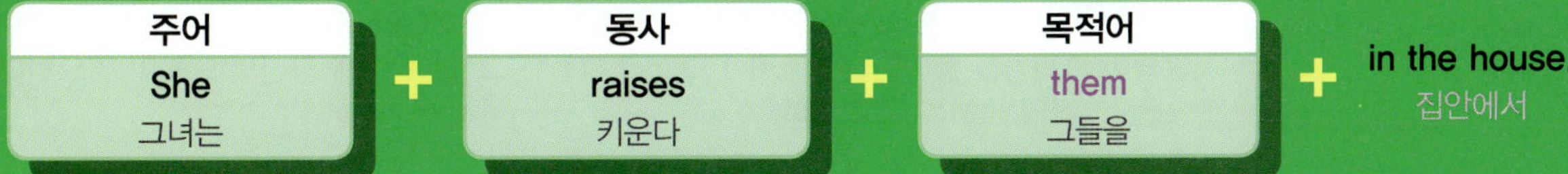

독해에 필요한 문법 사항을 확인하세요.

A 목적격 인칭대명사

> **She was new here. We welcomed her.**
>
> 그녀는 여기에 새로 왔다. 우리는 그녀를 환영했다.

● 목적어로 쓰이는 인칭대명사를 알아 두세요.

me 나를	us 우리를	you 너를	you 너희들을
him 그를	her 그녀를	it 그것을	them 그(것)들을

Self Check 괄호 안에서 알맞은 말을 고르고, 문장을 해석하세요.

1 Sam was sick. His mom took care of [he / him].

2 These are famous novels. Many people like [they / them].

B 소유격 인칭대명사

> **He meets his friends sometimes.**
>
> 그는 그의 친구들을 가끔 만난다.

● 명사 앞에는 소유격 인칭대명사가 붙을 수 있어요. '~의'라는 의미를 지녀요.

my 나의	our 우리의	your 너의	your 너희들의
his 그의	her 그녀의	its 그것의	their 그(것)들의

Self Check 괄호 안에서 알맞은 말을 고르고, 문장을 해석하세요.

1 They need [you / your] help with the work.

2 The bird is building [its / them] nest.

A 1 [**him**] Sam은 아팠다. 그의 엄마가 그를 돌보았다.　**2** [**them**] 이것들은 유명한 소설들이다. 많은 사람들이 그것들을 좋아한다.　　B 1 [**your**] 그들은 그 일에 대해 당신의 도움이 필요하다.　**2** [**its**] 그 새는 그것의 둥지를 짓고 있다.

C 재귀대명사

> ## She often tells herself to take a deep breath.
> 그녀는 종종 그녀 자신에게 심호흡을 하라고 말한다.

● 주어와 동일한 대상이 목적어일 때 재귀대명사를 쓰며, '~ 자신을, ~ 자신에게'라고 해석해요.

myself 나 자신을	ourselves 우리들 자신을	yourself 너 자신을	yourselves 너희들 자신을
himself 그 자신을	herself 그녀 자신을	itself 그것 자체를	themselves 그(것)들 자신을

Self Check 괄호 안에서 알맞은 말을 고르고, 문장을 해석하세요.

1 John asked [himself / yourself] the question.

2 They congratulated [ourselves / themselves] on winning.

C **1** [**himself**] John은 그 질문을 스스로에게 물었다.　**2** [**themselves**] 그들은 승리에 대해 그들 자신을 축하했다.

다음 글을 읽고, 질문에 답하세요.

Many people enjoy video games. Usually, programmers make these games. But the first video game, "Tennis for Two," was different. A physicist created it. William Higinbotham worked at Brookhaven National Laboratory in the USA. He asked himself, "How can science be more fun for more people?"

So in 1958, he created his first and only game. He used it to explain science. The result was great. Visitors, especially students, lined up to play it. It was not just for fun. But it was the first video game.

WORDS

enjoy 즐기다
usually 보통, 대개
different 다른
physicist 물리학자
create 만들어 내다, 창조하다
national 국립의, 국영의
laboratory 연구소, 실험실
explain 설명하다
result 결과
especially 특히
line up 줄을 서다
fun 재미

1 글의 제목으로 가장 알맞은 것은?   ▶251040-0008

제목 파악
① A Game that Changed the World
② The First Video Game and Its Birth
③ A Scientist who Loved Video Games

2 Higinbotham에 대한 설명으로 알맞지 <u>않은</u> 것은?   ▶251040-0009

내용 일치
① 그는 미국 국립 연구소 소속의 과학자였다.
② 그는 과학을 더 재미있게 설명하고 싶었다.
③ 그는 많은 게임을 만들어 과학을 설명했다.

3 "Tennis for Two"에 대한 설명으로 알맞지 <u>않은</u> 것은?   ▶251040-0010

내용 일치
① 최초의 비디오 게임이다.
② 사람들에게 인기가 없었다.
③ 물리학자에 의해 만들어졌다.

STRUCTURE 지문의 하이라이트 부분을 함께 분석해 봐요. (주어 S / 동사 V / 보어 C / 목적어 O / 목적격보어 OC / 부사적 수식어 M)

- A physicist created it.
  S   V   O

- He asked himself, "How can science be more fun for more people?"
  S   V   O   O

- he created his first and only game
  S   V   O

- he used it to explain science
  S   V   O   M

2

Plants can't make sounds. But they can (A) <u>"talk"</u> to each other. They use special chemicals. Sometimes, insects attack a plant. Then, it makes chemicals and sends (B) [them / themselves] out. This is a warning. Nearby plants then prepare (C) [them / themselves]. They make their leaves taste bad. This way, they can protect themselves from insects.

Some plants also (D) <u>"talk"</u> through their roots. They can share information about nutrients. This helps them grow strong. It is like a secret plant language.

WORDS

make a sound 소리를 내다
chemical 화학 물질
attack 공격하다; 공격
warning 경고, 주의
prepare 대비시키다, 준비시키다
leaves 나뭇잎들 (leaf의 복수형)
protect A from B B로부터 A를 보호하다
through ~을 통하여
root 뿌리
share 공유하다
information 정보
nutrient 영양분, 영양소
grow 자라다, 성장하다
strong 강한
secret 비밀스러운, 비밀의
language 언어

1 글의 주제로 가장 알맞은 것은? ▶251040-0011

주제 **파악**

> 식물들의 __________

① 의사소통 ② 생존 경쟁 ③ 화학 반응

2 글의 밑줄 친 (A) "talk"의 방법과 그 역할에 대한 다음 표를 완성하세요. ▶251040-0012

분석 **정리**

방법	"talk" by sending out __________
역할	to __________ of insect attacks

3 글의 밑줄 친 (D) "talk"의 방법과 그 역할에 대한 다음 표를 완성하세요. ▶251040-0013

분석 **정리**

방법	"talk" through plants' __________
역할	to __________ __________ about nutrients

4 글의 (B)와 (C)에서 알맞은 말을 각각 골라 쓰세요. ▶251040-0014

어법 **판단**

(B) __________________

(C) __________________

STRUCTURE 지문의 하이라이트 부분을 함께 분석해 봐요. (주어 S / 동사 V / 보어 C / 목적어 O / 목적격보어 OC / 부사적 수식어 M)

- They make their leaves taste bad.
  S   V   O   OC

- they can protect themselves from insects
  S   V   O   M

학습한 내용을 다시 한번 살펴보세요.

SENTENCES 예시와 같이 문장을 분석하세요. (주어 S / 동사 V / 보어 C / 목적어 O / 목적격보어 OC / 부사적 수식어 M)

1 They congratulated themselves on winning.
    S   V   O   M

2 He created his first and only game.

3 They make their leaves taste bad.

4 John asked himself the question.

5 She tells herself to take a deep breath.

WORDS 빈칸에 알맞은 말을 써서 문장을 완성하세요.

1 The ______________ was great.
그 결과는 훌륭했다.

2 Students ______________ ______________ to play it.
학생들이 그것을 하려고 줄을 섰다.

3 Sometimes, insects ______________ a plant.
때때로 곤충들이 식물을 공격한다.

4 It is like a secret plant ______________.
그것은 마치 비밀스러운 식물 언어와 같다.

5 Some plants also "talk" through their ______________.
일부 식물들은 또한 그들의 뿌리들을 통해 '말한다'.

✦ 목적어 역할을 하는 동명사

- 동사 뒤에 -ing를 붙여서 명사처럼 쓰는 말을 동명사라고 해요.
- 동명사는 동사적 성질이 있어서 뒤에 목적어나 수식어가 올 수 있어요.

주어		동사		목적어
They 그들은	+	enjoy 즐긴다	+	playing soccer. 축구하는 것을

A 동명사의 목적어

> He <u>finished</u> doing his homework.
>
> 그는 그의 숙제를 하는 것을 마쳤다.

- 동사의 목적어로 동명사가 올 수 있어요.
- 동명사 뒤에 동명사의 목적어가 올 수 있어요. 그때는 뒤에 나오는 목적어까지 하나의 덩어리로 '~을 …하기를, ~을 …하는 것을'이라고 해석해요

Self Check 동명사 목적어에 유의하여 문장을 해석하세요.

1 He loves riding his bike.
2 She began writing a new story.

B 동명사의 수식어

> She <u>avoids</u> using her smartphone at night.
>
> 그녀는 밤에 스마트폰을 사용하는 것을 피한다.

- 동명사 뒤에 다른 수식어가 따라 온다면, 수식어까지 하나의 덩어리로 해석해요.

Self Check 동명사 목적어에 유의하여 문장을 해석하세요.

1 The cat loves sleeping on the sofa.
2 He started playing the guitar on stage.

A 1 그는 자전거를 타는 것을 매우 좋아한다.　2 그녀는 새로운 이야기를 쓰기 시작했다.
B 1 그 고양이는 그 소파에서 자는 것을 매우 좋아한다.　2 그는 무대 위에서 기타를 치기 시작했다.

C 동명사를 목적어로 취하는 동사

> We <u>enjoy</u> eating ice cream on hot days.
>
> 우리는 뜨거운 날에 아이스크림을 먹는 것을 즐긴다.

- 동명사를 목적어로 취하는 동사는 다음과 같아요.

  enjoy 즐기다 / avoid 피하다 / finish 끝내다 / stop 멈추다 등

- 동명사와 to부정사 둘 다를 목적어로 취하는 동사는 다음과 같아요.

  like 좋아하다 / love 사랑하다 / start 출발하다 / begin 시작하다 등

Self Check 동명사 목적어에 유의하여 문장을 해석하세요.

1 Please stop using plastic bags.

2 They finished cleaning the house an hour ago.

C 1 비닐봉투를 사용하는 것을 멈추세요.   2 그들은 한 시간 전에 그 집을 청소하는 것을 마쳤다.

1

Today, many people from different cultures live together. There are many foreign restaurants around us. And people enjoy trying foods from other cultures. This is not the end of the story. People began combining foods from different cultures. It is called fusion food.

Many chefs __________________________: sushi burritos, ramen burgers, and kimchi tacos. The list doesn't end here. It looks like food will never stop changing.

* fusion food: 퓨전 음식 (동·서양식 융합 요리)

정답과 해설 4쪽

1 필자가 주장하는 바로 가장 알맞은 것은?

251040-0015

① 문화들이 섞이며 고유성이 없어지고 있다.

② 다른 문화의 음식들이 서로 결합되고 있다.

③ 퓨전 음식이 가장 인기 있는 음식이 되었다.

2 퓨전 음식이 나타난 원인으로 언급된 것은?

251040-0016

① 여러 문화의 사람들이 모여서 살기 때문에

② 외국 음식이 전통 음식보다 맛있기 때문에

③ 사람들이 다른 나라 음식에 질렸기 때문에

3 글의 빈칸에 들어갈 말로 가장 알맞은 것은?

251040-0017

① give up on their own recipes

② create unique dishes this way

③ come from different countries

STRUCTURE 지문의 하이라이트 부분을 함께 분석해 봐요. (주어 S / 동사 V / 보어 C / 목적어 O / 목적격보어 OC / 부사적 수식어 M)

- people enjoy trying foods from other cultures
  S   V   O

- People began combining foods from different cultures.
  S   V   O

- food will never stop changing
  S   V   O

2

Many countries are sending more satellites to space. And the chances of a crash are going up. Actually, in 2009, two satellites couldn't   (crash, into, avoid, each other) . And it created lots of space junk. This junk is making space a lot more dangerous. No one enjoys watching these crashes in space. We should keep space safe.

So scientists started tracking the junk. It helps satellites avoid danger. But this is not enough. Many scientists recommend cleaning up space. They say special robots can collect the junk.

satellite 인공위성
space 우주
chance 가능성
crash 충돌, 추락; 충돌하다
avoid 피하다
junk 쓰레기
dangerous 위험한
track 추적하다
danger 위험
recommend 권장하다, 추천하다
collect 수거[수집]하다, 모으다

인공위성은 지구 주위를 도는 인공 물체로, 다양한 용도로 사용돼요. 통신, 날씨 관측, GPS, 과학 연구 등이 그 예입니다. 위성은 우주에서 지구의 정보를 수집하고 전송하며, 우리가 전화, 인터넷, 날씨 예보 등을 이용하는 데 중요한 역할을 한답니다.

정답과 해설 4쪽

1 필자가 주장하는 바로 가장 알맞은 것은?　▶251040-0018

① Space is becoming a dangerous place.
② Space junk will fall down to the Earth.
③ The number of satellites will go down.

2 인공위성에 대한 설명으로 언급되지 <u>않은</u> 것은?　▶251040-0019

① 서로 충돌할 가능성이 점점 더 높아지고 있다.
② 충돌로 인해 우주 쓰레기를 발생시킬 수 있다.
③ 나라별로 발사 개수에 대한 제한을 두고 있다.

3 우주 쓰레기에 대한 조치로 언급된 2가지를 찾아 다음 문장을 완성하세요.　▶251040-0020

To help satellites avoid crashing, we can (1) __________ and (2) __________ the junk.

4 글의 괄호 안에 주어진 말을 이용하여, 다음 우리말에 맞게 영어로 쓰세요.　▶251040-0021

서로 충돌하는 것을 피하다

→ ____

STRUCTURE 지문의 하이라이트 부분을 함께 분석해 봐요. (주어 S / 동사 V / 보어 C / 목적어 O / 목적격보어 OC / 부사적 수식어 M)

- <u>No one</u>   <u>enjoys</u>   <u>watching these crashes in space.</u>
    S   V   O

- <u>scientists</u>   <u>started</u>   <u>tracking the junk</u>
    S   V   O

- <u>Many scientists</u>   <u>recommend</u>   <u>cleaning up space.</u>
      S   V   O

학습한 내용을 다시 한번 살펴보세요.

SENTENCES 예시와 같이 문장을 분석하세요. (주어 S / 동사 V / 보어 C / 목적어 O / 목적격보어 OC / 부사적 수식어 M)

1 We enjoy eating ice cream.
    S   V   O

2 They finished cleaning the house.

3 People began combining foods from different cultures.

4 No one enjoys watching these crashes in space.

5 Two satellites couldn't avoid crashing into each other.

WORDS 빈칸에 알맞은 말을 써서 문장을 완성하세요.

1 The ______________ of a crash are going up.
충돌 가능성들이 높아지고 있다.

2 Special robots can ______________ the junk.
특수 로봇들이 쓰레기를 수거할 수 있다.

3 There are many ______________ restaurants around us.
우리 주변에 많은 외국 식당들이 있다.

4 Many scientists ______________ cleaning up space.
많은 과학자들이 우주를 청소할 것을 권장한다.

5 Many countries are sending more ______________ to space.
많은 나라들이 우주로 더 많은 인공위성들을 보내고 있다.

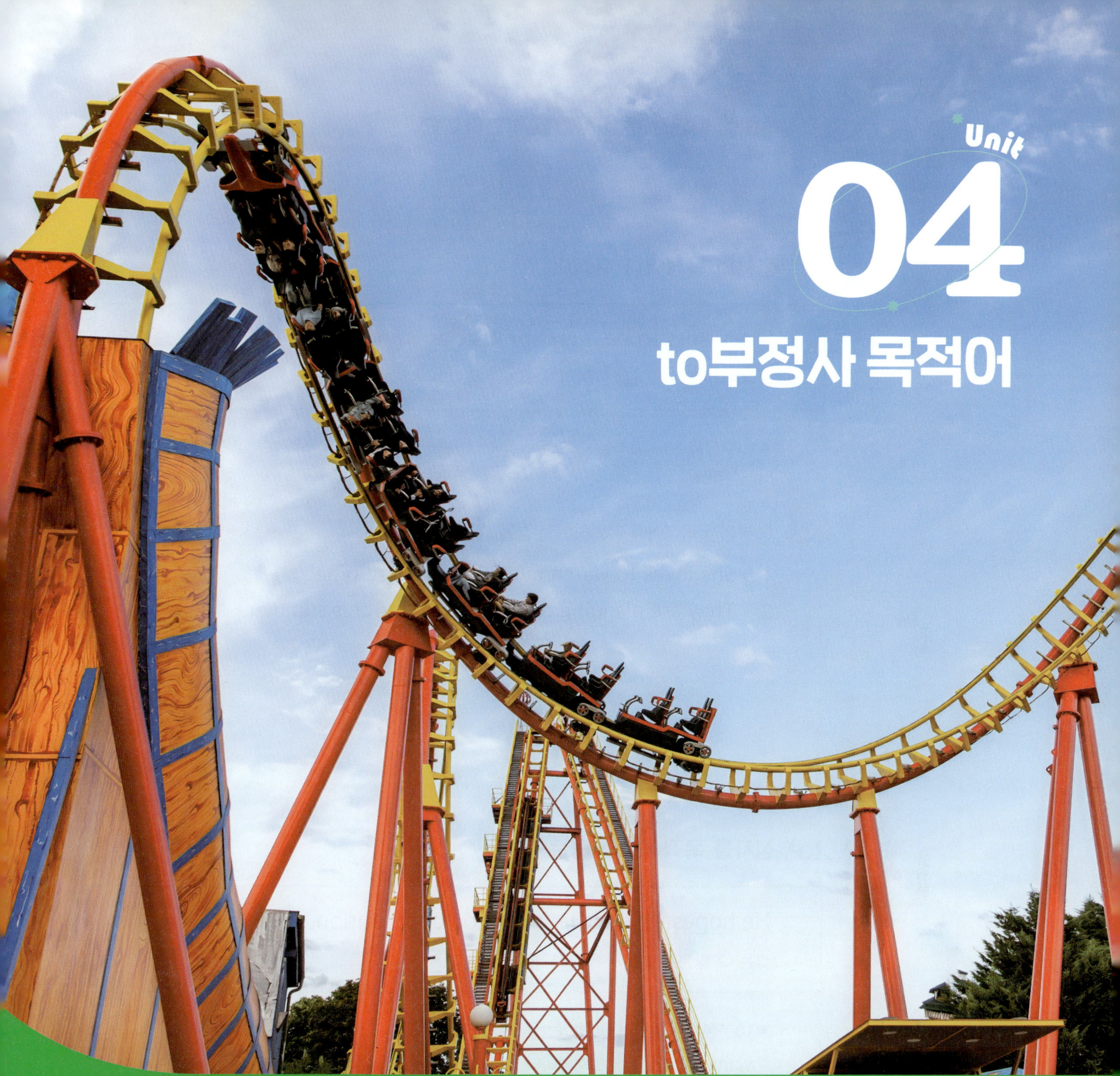

Unit 04

to부정사 목적어

목적어 역할을 하는 to부정사

- to부정사란 ⟨to + 동사원형⟩으로, 정해진 품사 없이 명사, 형용사, 부사로 쓸 수 있는 말이에요.
- to부정사도 명사처럼 문장에서 목적어로 쓰일 수 있어요.

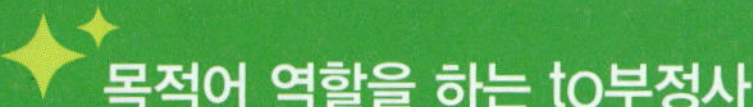

주어		동사		목적어
The children 그 아이들은	+	wanted 원했다	+	to go there. 거기에 가기를

독해에 필요한 문법 사항을 확인하세요.

A to부정사의 목적어나 수식어

> She <u>wants</u> to be a great musician in the future.
>
> 그녀는 미래에 훌륭한 음악가가 되기를 원한다.

● to부정사 뒤에 따라올 수 있는 목적어나 보어 또는 부사적 수식어까지 하나의 덩어리로 해석해요.

Self Check to부정사 목적어에 유의하여 문장을 해석하세요.

1 She loves to watch movies in her free time.

2 They are planning to visit Jeju Island this summer.

B to부정사를 목적어로 취하는 동사

> He <u>hopes</u> to win the invention competition.
>
> 그는 그 발명 대회에서 우승하기를 희망한다.

● to부정사를 목적어로 취하는 동사를 알아 두세요.

　want 원하다 / hope 희망하다 / plan 계획하다 / decide 결심하다 등

Self Check to부정사 목적어에 유의하여 문장을 해석하세요.

1 She decided to help the poor children.

2 They want to have a meeting with the leader.

A **1** 그녀는 여가 시간에 영화를 보는 것을 매우 좋아한다.　**2** 그들은 이번 여름에 제주도를 방문할 것을 계획하고 있다.　B **1** 그녀는 그 불쌍한 아이들을 돕기로 결심했다.　**2** 그들은 그 지도자와 회의를 하기를 원한다.

동명사와 to부정사 둘 다 목적어로 취하는 동사

> The man <u>began</u> to explain the rules of the game.
>
> 그 남자는 그 게임의 규칙들을 설명하기 시작했다.

- 동명사와 to부정사 둘 다를 목적어로 취하는 동사를 알아 두세요. 의미는 같아요.

  like 좋아하다 / hate 미워하다 / begin 시작하다 / start 출발하다 / continue 계속하다 등

- 참고로, stop은 동명사를 목적어로 취해요. 〈stop + to부정사〉는 '~하기 위해서 멈추다'라고 해석해요. She stopped to tie her shoelaces. 그녀는 신발 끈을 묶기 위해 멈추었다.

Self Check to부정사 목적어에 유의하여 문장을 해석하세요.

1 She hated to clean up the mess.

2 The panda loves to eat bamboo leaves.

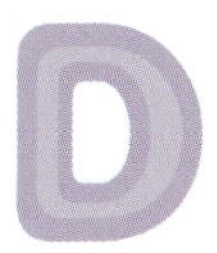

동명사와 to부정사를 목적어로 취할 때 의미가 달라지는 동사

> Emily <u>forgot</u> to turn off the lights.
>
> Emily는 전등을 꺼야 하는 것을 잊었다.

- 동명사와 to부정사 둘 다를 목적어로 취하지만, 의미가 달라지는 동사들을 알아 두세요.

	+ 동명사 (과거적 의미)	+ to부정사 (미래적 의미)
remember	~했던 것을 기억하다	~해야 할 것을 기억하다
forget	~했던 것을 잊다	~해야 할 것을 잊다
try	(한번) ~하려고 시도해 보다	~하려고 노력하다

Self Check 동명사나 to부정사 목적어에 유의하여 문장을 해석하세요.

1 Remember to lock the door when you leave.

2 She tried opening the box.

C 1 그녀는 어질러 놓은 것을 치우는 것을 싫어했다. 2 판다는 대나무 잎 먹기를 아주 좋아한다.
D 1 당신이 떠날 때 그 문을 잠가야 한다는 것을 기억해라. 2 그녀는 그 상자를 열려고 시도해 보았다.

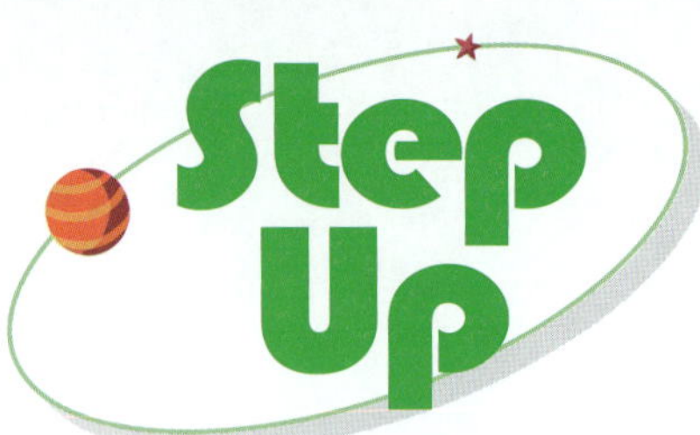

다음 글을 읽고, 질문에 답하세요.

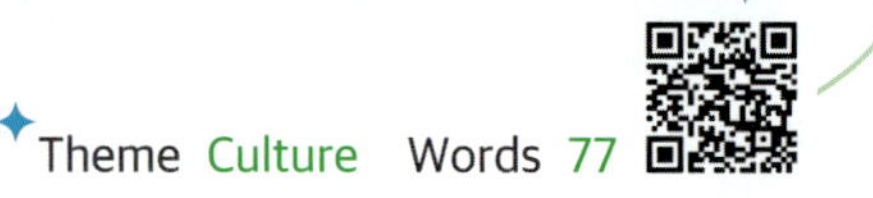

Sometimes, we need to use hand gestures. When we want to signal "stop," we show an open palm. And it is common in many cultures. But in Greece, _______________________________. For Greeks, showing an open palm is very rude.

They understand that foreigners might not know their culture. But it is still best not to use it. Remember to use a closed fist in Greece. It is the signal for "stop" or "wait."

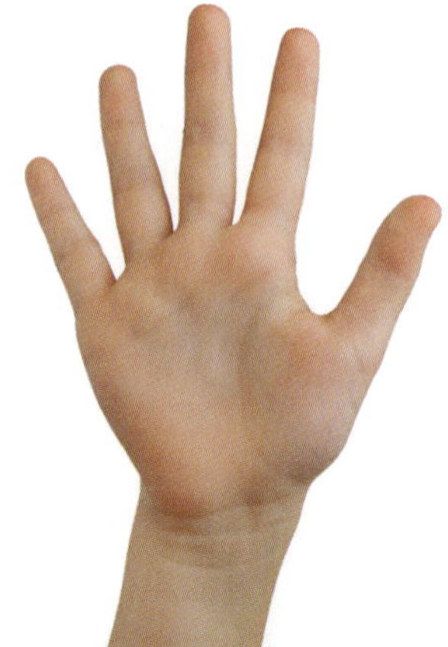
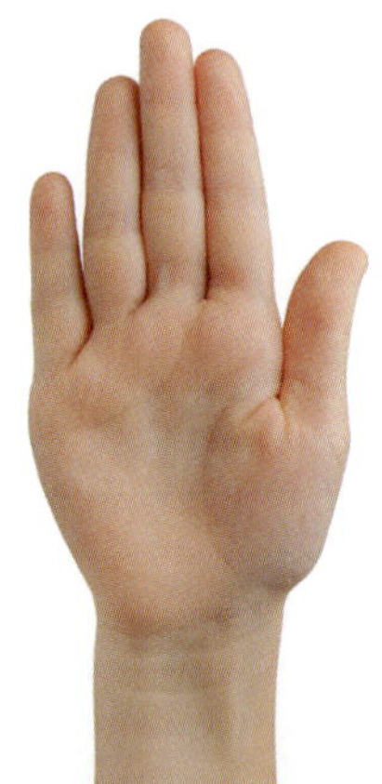

1 글의 주제로 가장 알맞은 것은?　251040-0022

① 아이들은 주로 말보다 손동작으로 표현한다.

② 적절한 손동작은 원활한 소통에 도움이 된다.

③ 어떤 손동작들은 나라별로 다른 의미가 있다.

2 글의 빈칸에 들어갈 말로 가장 알맞은 것은?　251040-0023

① be careful with this hand gesture

② the hand gesture won't work well

③ this gesture has a similar meaning

3 글을 다음과 같이 요약할 때, 빈칸에 알맞은 말을 글에서 찾아 쓰세요.　251040-0024

> In Greece, showing your __________ __________ is rude. Instead, you should show your __________ __________ to signal "stop."

STRUCTURE 지문의 하이라이트 부분을 함께 분석해 봐요. (주어 S / 동사 V / 보어 C / 목적어 O / 목적격보어 OC / 부사적 수식어 M)

- we（S） need（V） to use hand gestures（O）

- we（S） want（V） to signal "stop"（O）

- Remember（V） to use a closed fist in Greece（O）.

2

A woman decided (A) [making / to make] a trade. She took a picture of her small hairpin. And she tried (B) [posting / to post] it on social media. She hoped to find someone to trade with. Surprisingly, she exchanged the hairpin for earrings. Soon after, she traded the earrings for glass cups.

She continued trading (C) _________________________. She got a laptop, an automobile, and even a trailer. With this trailer, she made her final trade. And she got a small house in return.

WORDS

decide 결정하다, 결심하다
trade 거래, 무역; 거래하다
took a picture 사진을 찍었다 (took은 take의 과거형)
post 게시하다, 공고하다
exchange 교환하다, 주고받다
earring 귀걸이
continue 계속하다
laptop 노트북 컴퓨터
automobile 자동차
trailer 트레일러, 이동식 주택
final 마지막의, 최종적인
in return 대가로, 답례로

1 글의 제목으로 가장 알맞은 것은? ▶251040-0025

① Trading Up from a Hairpin to a House

② A Surprising Way to Exchange Houses

③ Different Thoughts on the Value of Things

2 글에 나오는 거래에 대한 설명으로 알맞지 <u>않는</u> 것은? ▶251040-0026

① 물건과 물건을 직접 교환하는 방식이었다.

② 소셜 미디어를 통해 많은 물건을 거래했다.

③ 거래를 통해 많은 돈을 벌어 새집을 샀다.

3 글의 (A)와 (B)에서 알맞은 말을 각각 골라 쓰세요. ▶251040-0027

(A) ____________________

(B) ____________________

4 글의 빈칸 (C)에 들어갈 말로 가장 알맞은 것은? ▶251040-0028

① until she got tired of it

② to make enough money

③ for more expensive items

STRUCTURE 지문의 하이라이트 부분을 함께 분석해 봐요. (주어 S / 동사 V / 보어 C / 목적어 O / 목적격보어 OC / 부사적 수식어 M)

- <u>She</u> <u>hoped</u> <u>to find someone to trade with.</u>
  S　　V　　　　　　O

- <u>She</u> <u>continued</u> <u>trading ~</u>
  S　　V　　　　O

Step Out

학습한 내용을 다시 한번 살펴보세요.

SENTENCES 예시와 같이 문장을 분석하세요. (주어 S / 동사 V / 보어 C / 목적어 O / 목적격보어 OC / 부사적 수식어 M)

1 Emily forgot to turn off the lights.
    S   V   O

2 He hopes to win the invention competition.

3 She decided to help the poor children.

4 They are planning to visit Jeju Island this summer.

5 A woman decided to make a trade.

WORDS 빈칸에 알맞은 말을 써서 문장을 완성하세요.

1 We want to ______________ "stop."
우리는 '멈춰'라는 신호를 보내기를 원한다.

2 She got a small house ______________ ______________.
그녀는 대가로 작은 집을 얻었다.

3 ______________ might not know their culture.
외국인들은 그들의 문화를 알지 못할 수도 있다.

4 Remember to use a closed ______________ in Greece.
그리스에서는 닫힌 주먹을 사용할 것을 기억하라.

5 She got a ______________, an automobile, and even a trailer.
그녀는 노트북 컴퓨터, 자동차, 심지어 트레일러까지 얻었다.

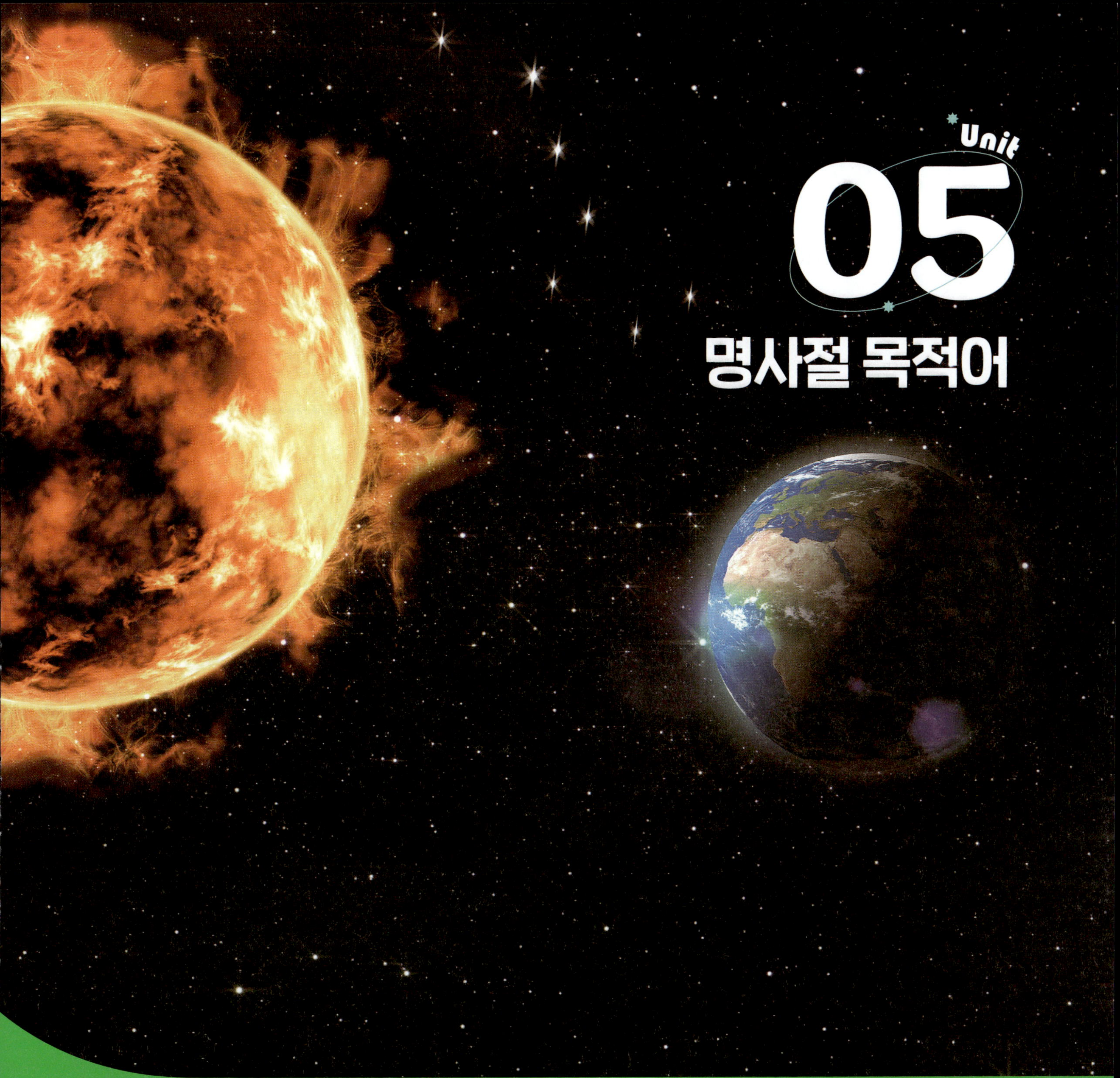

Unit 05 명사절 목적어

목적어 역할을 하는 명사절

- '절'은 문장의 한 구성 요소로, 주어와 동사가 들어 있는 하나의 단위예요.
- 명사절은 하나의 절이 문장에서 명사의 역할을 하는 것을 말해요.

주어		동사		목적어
We 우리는	+	know 알고 있다	+	that the Earth goes around the Sun. 지구가 태양 주위를 돈다는 것을

독해에 필요한 문법 사항을 확인하세요.

A that절 목적어

> She thinks (that) the job is too difficult.
>
> 그녀는 그 일이 너무 어렵다고 생각한다.

- that절은 명사 역할을 하여 목적어 자리에 올 수 있어요.
- 목적어로 사용되는 경우에는 접속사 that을 생략할 수 있어요.

Self Check 명사절 목적어에 유의하여 문장을 해석하세요.

1 They believe that kindness is the most important.
2 She knew that they lied about the schedule.

B 의문사절 목적어

> They don't know when she will come.
>
> 그들은 그녀가 언제 올지 모른다.

- 의문사절도 명사의 역할을 할 수 있어요.
- 의문사절은 의문사(who, what, when, where, how, why) 뒤에 〈주어 + 동사〉 순서로 써요.

Self Check 의문사절 목적어에 유의하여 문장을 해석하세요.

1 She wondered why they came.
2 He understood how the machine works.

A 1 그들은 친절이 가장 중요하다고 믿는다. 2 그녀는 그들이 일정에 대해 거짓말을 했다는 것을 알고 있었다.   B 1 그녀는 그들이 왜 왔는지 궁금했다. 2 그는 그 기계가 어떻게 작동하는지 이해했다.

C 〈의문사 + to부정사〉 목적어

He asked **how to solve the math problem**.
그는 그 수학 문제를 어떻게 푸는지 물었다.

- 의문사 뒤에 절이 아닌, to부정사가 올 수도 있어요.
- how to V는 '어떻게 ~해야 하는지', what to V는 '무엇을 ~해야 하는지', when to V는 '언제 ~해야 하는지' 등과 같이 해석해요.

Self Check 〈의문사 + to부정사〉에 유의하여 문장을 해석하세요.

1 He didn't know what to say during the interview.

2 She asked when to start the new project.

C **1** 그는 면접 동안 무슨 말을 해야 할지 몰랐다.   **2** 그녀는 그 새로운 프로젝트를 언제 시작해야 하는지 물었다.

1

We know what fables are. We read them in our childhood. Usually, they are stories with animal characters in them. And they teach us a moral lesson. So we learn that good wins over bad.

Perhaps the most famous fable writer is Aesop. He wrote stories like "The Tortoise and the Hare." Can you believe he lived in ancient Greece around 600 BC? This means Aesop's fables ______________________. And people today still love them.

정답과 해설 8쪽

1 글의 주제로 가장 알맞은 것은? ▶ 251040-0029

주제 파악
① 우화의 특징
② 우화와 이솝
③ 우화의 창시자

2 우화에 대한 설명으로 언급되지 <u>않은</u> 것은? ▶ 251040-0030

내용 일치
① 등장인물이 주로 동물들이다.
② 도덕적 교훈을 알려 준다.
③ 고대 로마에서 시작되었다.

3 글의 빈칸에 들어갈 말로 가장 알맞은 것은? ▶ 251040-0031

빈칸 추론
① are more than 2,600 years old
② were not very famous at the time
③ are about ancient people in Greece

STRUCTURE 지문의 하이라이트 부분을 함께 분석해 봐요. (주어 S / 동사 V / 보어 C / 목적어 O / 목적격보어 OC / 부사적 수식어 M)

- We know what fables are.
  S   V   O

- we learn that good wins over bad
  S   V   O

- Can you believe he lived in ancient Greece around 600 BC?
  V   S   V   O

2

We often read, watch, and chat online. There, we get a lot of information. But ___(everything, believe, true, is)___ . We know there is fake information online. So we check it on several sites. Or, we find out what the source of the information is.

This is called fact-checking. Fact-checking takes time, but it is important. You may not know where to look or ask. In that case, some fact-checking websites can be helpful.

WORDS

chat (인터넷으로) 대화 [채팅]하다
information 정보
fake 가짜의, 거짓된
several 몇몇의
find out 찾다, 알아내다
source (자료의) 출처
take time 시간이 걸리다
in that case 그런 경우에는

✦ 정답과 해설 8쪽

1  필자의 주장으로 가장 알맞은 것은? ▶251040-0032

① 사실 확인을 도와주는 사이트를 믿지 마라.

② 온라인의 정보는 사실 확인을 하는 게 좋다.

③ 온라인에 거짓이나 틀린 정보를 올리지 마라.

2  사실 확인 방법에 대한 다음 표의 빈칸에 알맞은 말을 글에서 찾아 쓰세요. ▶251040-0033

CHECK 1	CHECK 2	CHECK 3
Look on other __________.	Check the __________.	Visit __________ sites.

3  사실 확인에 대한 내용으로 언급된 것은? ▶251040-0034

① 완벽하게 사실 확인을 하는 것은 불가능하다.

② 사실 확인 사이트의 정보를 믿으면 안 된다.

③ 사실 확인은 시간이 걸리지만 중요한 일이다.

4  글의 괄호 안에 주어진 말을 이용하여, 다음 우리말에 맞게 영어로 쓰세요. ▶251040-0035

> 우리는 모든 것이 사실이라고 믿지 않는다

→ ____

STRUCTURE 지문의 하이라이트 부분을 함께 분석해 봐요. (주어 S / 동사 V / 보어 C / 목적어 O / 목적격보어 OC / 부사적 수식어 M)

- We know there is fake information online.
  S   V   O
- we find out what the source of the information is
  S   V   O
- You may not know where to look or ask.
  S   V   O

학습한 내용을 다시 한번 살펴보세요.

SENTENCES 예시와 같이 문장을 분석하세요. (주어 S / 동사 V / 보어 C / 목적어 O / 목적격보어 OC / 부사적 수식어 M)

1 She wondered why they came.
  S   V   O

2 He didn't know what to say.

3 Can you believe he lived in ancient Greece?

4 You may not know where to look or ask.

5 She thinks the job is too difficult.

WORDS 빈칸에 알맞은 말을 써서 문장을 완성하세요.

1 
We know what ____________ are.
우리는 우화가 무엇인지 알고 있다.

2 
We read them in our ____________.
우리는 어린 시절에 그것들을 읽는다.

3 
We find out what the ____________ of the information is.
우리는 그 정보의 출처가 무엇인지 찾아본다.

4 
We learn that ____________ wins over bad.
우리는 선이 악을 이긴다는 것을 배운다.

5
We know there is ____________ information online.
우리는 온라인에 가짜 정보가 있다는 것을 알고 있다.

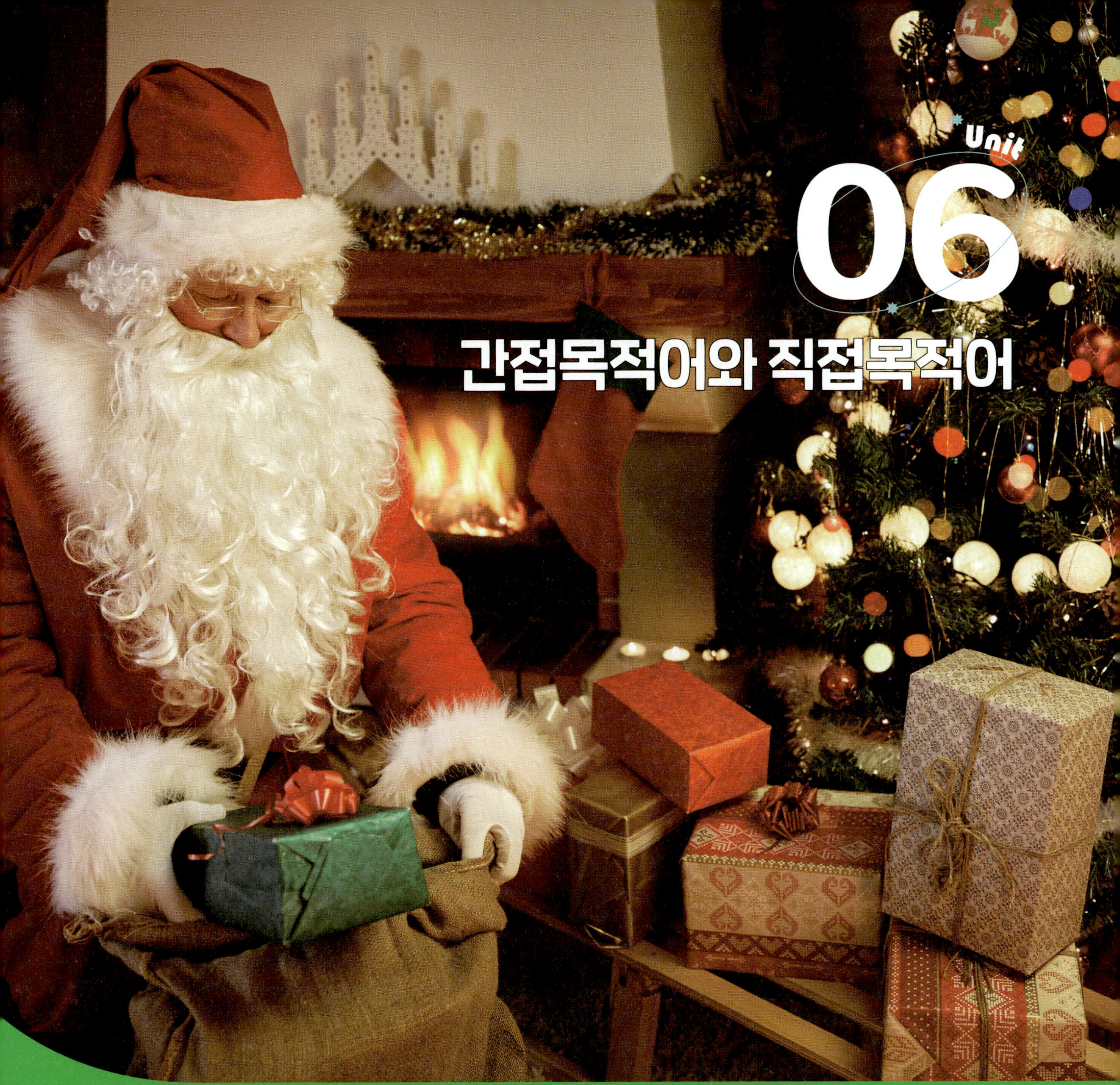

Unit 06 간접목적어와 직접목적어

목적어가 2개 필요한 문장

- 동사 뒤에 간접목적어와 직접목적어가 있는 문장을 4형식 문장이라고 해요.
- 간접목적어는 '~에게', 직접목적어는 '~을/를'에 해당하는 말이에요.

주어		동사		간접목적어		직접목적어
Santa Claus 산타클로스는	+	gave 주었다	+	the children 그 아이들에게	+	big gifts. 큰 선물들을

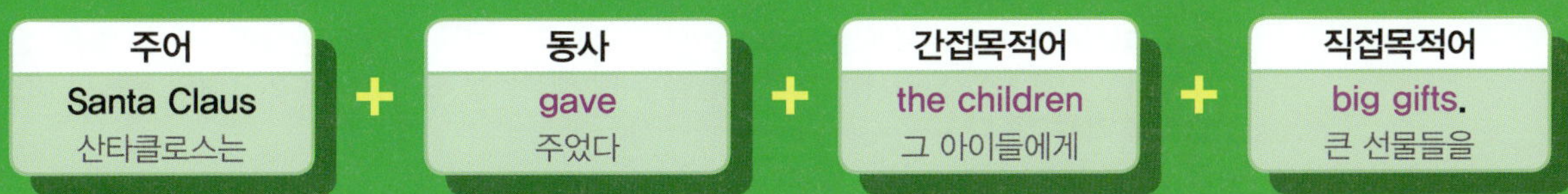

독해에 필요한 문법 사항을 확인하세요.

A 4형식 〈주어 + 동사 + 간접목적어 + 직접목적어〉

> His grandma <u>gave</u> <u>him</u> <u>the old watch</u>.
> 그의 할머니가 그에게 그 오래된 시계를 주었다.

- 4형식 동사 뒤에는 간접목적어(~에게)와 직접목적어(~을)가 나올 수 있어요.
- 4형식 문장으로 쓸 수 있는 수여동사(~해 주다)는 다음과 같아요.
  give 주다 / make 만들어 주다 / send 보내 주다 / tell 말해 주다 / show 보여 주다 / buy 사 주다 등

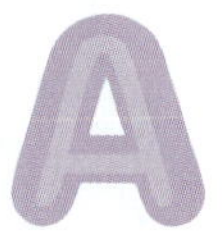
Self Check 간접목적어와 직접목적어에 유의하여 문장을 해석하세요.

1 She made her daughter a red dress.

2 They told everyone the good news.

B 3형식 전환

> His grandma <u>gave</u> <u>the old watch</u> <u>to him</u>.
> 그의 할머니가 그에게 그 오래된 시계를 주었다.

- 4형식 문장에서 간접목적어를 〈to/for + 대상〉으로 바꾸어 직접목적어 뒤로 옮기면 3형식 문장이 돼요.
- give, send, tell, show, bring 등 대부분의 동사가 전치사 to를 사용해요.
- make, buy, cook 등의 동사는 전치사 for를 사용해요.

Self Check 직접목적어와 전치사구에 유의하여 문장을 해석하세요.

1 The chef cooked seafood for the guests.

2 Her gentle smile brings happiness to everyone.

A 1 그녀는 그녀의 딸에게 빨간 드레스를 만들어 주었다. 2 그들은 모두에게 그 좋은 소식을 말해 주었다. B 1 그 요리사는 그 손님들을 위해 해산물을 요리했다. 2 그녀의 온화한 미소가 모두에게 행복을 가져다준다.

C that절 직접목적어

The coach <u>tells</u> <u>the team</u> <u>that they will win the game</u>.
그 코치는 그 팀에게 그들이 경기를 이길 것이라고 말한다.

● 간접목적어 뒤에 직접목적어로 명사의 역할을 하는 that절이나 의문사절이 올 수 있어요.

He asked his teacher why the sky is blue.
그는 그의 선생님에게 하늘이 왜 파란지 물었다.

Self Check 간접목적어와 직접목적어에 유의하여 문장을 해석하세요.

1 She showed them what she bought.

2 He is telling her that he doesn't have time.

C 1 그녀는 그들에게 그녀가 무엇을 샀는지 보여 주었다. 2 그는 그녀에게 그가 시간이 없다고 말하는 중이다.

다음 글을 읽고, 질문에 답하세요.

1

Some people say the Earth gives us life. They are telling us that we can't live without our planet. But our home is getting sick. So the world is now trying hard to save it. One of the actions is using renewable energy.

Renewable energy sources include solar and wind power. They never run out. More importantly, they don't cause pollution. And surprisingly, _________________________. The sunlight on the Earth for one hour can power the whole world for a year.

without ~ 없이
planet 행성
sick 병든, 아픈
save 구하다
action (해결을 위한) 조치, 행동
renewable 재생 가능한
sources 원천, 근원
include 포함하다
solar 태양의, 태양열을 이용한
power 동력; 동력을 공급하다
run out 고갈되다, 다 떨어지다
cause (문제 등을) 일으키다, 야기하다
pollution 오염, 공해

1 **글의 제목으로 가장 알맞은 것은?** ▶251040-0036

(제목 파악) ① What Energy Sources Are There?
② How We Get Renewable Energy
③ Why We Need Renewable Energy

2 **재생 가능 에너지원의 장점으로 언급된 2가지를 찾아 우리말로 쓰세요.** ▶251040-0037

(내용 일치) (1) ___________________________________

(2) ___________________________________

3 **글의 빈칸에 들어갈 말로 가장 알맞은 것은?** ▶251040-0038

(빈칸 추론) ① it doesn't take much time
② there is more than enough
③ it is not expensive to get it

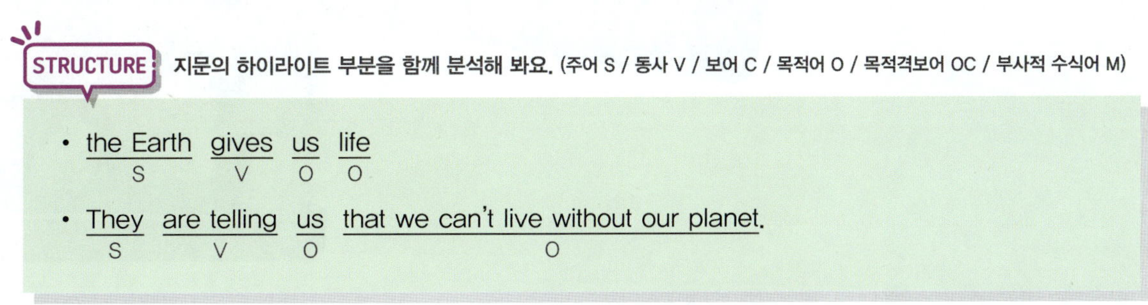

STRUCTURE 지문의 하이라이트 부분을 함께 분석해 봐요. (주어 S / 동사 V / 보어 C / 목적어 O / 목적격보어 OC / 부사적 수식어 M)

2

Overnight, a painting appears on a wall of a building. Then, people ask each other this question. "Did Banksy paint it?" The owner of the building does not complain or erase it. This is because Banksy is a famous artist. But he is mysterious. No one knows who he really is.

Banksy's work is both fun and meaningful. It usually gives a strong message to us. He often draws images about topics like war. He is telling us that we should think about them. People all over the world admire his clever art.

WORDS

overnight 밤사이에
appear 나타나다
wall 벽, 담
owner 주인, 소유주
complain 불평하다
erase 지우다
mysterious 신비한, 불가사의한
meaningful 의미 있는
draw (그림을) 그리다
topic 주제
war 전쟁
admire 감탄하다, 존경하다
clever 기발한, 영리한

1 글의 주제로 가장 알맞은 것은?　　　　　　　　　　　　▶251040-0039

 주제 파악

① Banksy와 그의 대표적 작품

② Banksy와 그가 유명한 이유

③ Banksy에 대한 오해와 진실

2 Banksy에 대한 설명으로 알맞지 <u>않은</u> 것은?　　　　　　　▶251040-0040

 내용 일치

① 그가 누구인지 알려지지 않았다.

② 그는 몰래 그림을 그리고 떠난다.

③ 그의 그림은 금세 사라져 버린다.

3 Banksy의 작품에 대한 설명으로 언급되지 <u>않은</u> 것은?　　　▶251040-0041

 내용 일치

① 재미있게 표현하는 것이 특징이다.

② 사회적으로 중요한 문제를 다룬다.

③ 사람들이 이해하기 어렵게 그린다.

4 글의 밑줄 친 문장을 4형식 문장으로 바꿔 쓰세요.　　　　　▶251040-0042

 어법 판단

→ ____

STRUCTURE : 지문의 하이라이트 부분을 함께 분석해 봐요. (주어 S / 동사 V / 보어 C / 목적어 O / 목적격보어 OC / 부사적 수식어 M)

- <u>people</u>　<u>ask</u>　<u>each other</u>　<u>this question</u>
　　S　　　V　　　　O　　　　　　O

- <u>He</u>　<u>is telling</u>　<u>us</u>　<u>that we should think about them</u>.
　　S　　　V　　　　O　　　　　　　　　O

학습한 내용을 다시 한번 살펴보세요.

SENTENCES 예시와 같이 문장을 분석하세요. (주어 S / 동사 V / 보어 C / 목적어 O / 목적격보어 OC / 부사적 수식어 M)

1 She showed them what she bought.
   S   V   O   O

2 It gives a strong message to us.

3 They told everyone the good news.

4 The chef cooked seafood for the guests.

5 He is telling us that we should think about them.

WORDS 빈칸에 알맞은 말을 써서 문장을 완성하세요.

1 Overnight, a painting ______________ on a wall.
밤사이에 그림이 벽에 나타난다.

2 They don't ______________ pollution.
그것들은 오염을 일으키지 않는다.

3 The owner does not ______________ or erase it.
주인은 불평하거나 그것을 지우지 않는다.

4 Renewable energy sources ______________ solar power.
재생 가능한 에너지원은 태양광을 포함한다.

5 People all over the world admire his ______________ art.
전 세계 사람들이 그의 기발한 예술에 감탄한다.

07

전치사의 목적어

✦ 전치사 뒤에 오는 목적어

- 전치사 뒤에 오는 말을 전치사의 목적어라고 하고, 〈전치사 + 목적어〉를 전치사구라고 불러요.
- 전치사의 목적어로는 명사, 목적격 인칭대명사, 동명사 등이 올 수 있어요.

주어		동사		전치사구
He 그는	+	talked 이야기했다	+	about climbing the mountain. 그 산에 오르는 것에 대해

독해에 필요한 문법 사항을 확인하세요.

A 전치사의 목적어: 명사

> The kid hit the ball **with a stick**.
>
> 그 아이는 나뭇가지를 가지고 공을 쳤다.

- 전치사는 명사나 대명사 앞에 놓여 다른 명사나 대명사와의 관계를 나타내는 품사예요.
- 전치사구는 전치사의 의미에 따라 해석해요.

  in ~ 안에 / on ~ 위에 / with ~와 함께, ~을 가지고 / during ~ 동안에 등

Self Check 전치사구에 유의하여 문장을 해석하세요.

1 She put the vase on the table.

2 They went to the beach during the vacation.

B 전치사의 목적어: 목적격 인칭대명사

> Lisa had dinner at the cafe **with me**.
>
> Lisa는 나와 함께 그 카페에서 저녁 식사를 했다.

- 전치사 뒤에 오는 인칭대명사는 동사 뒤에 오는 목적격 인칭대명사와 같은 형태예요.

	단수(하나)	복수(둘 이상)
1인칭	me 나를	us 우리를
2인칭	you 너를	you 너희들을
3인칭	him 그를 / her 그녀를 / it 그것을	them 그(것)들을

Self Check 전치사구에 유의하여 문장을 해석하세요.

1 She bought a gift for him on his birthday.

2 We are talking about them in the meeting room.

A **1** 그녀는 그 꽃병을 탁자 위에 놓았다. **2** 그들은 휴가 동안 해변에 갔다. B **1** 그녀는 그의 생일에 그를 위해 선물을 하나 샀다. **2** 우리는 회의실에서 그것들에 대해 이야기하고 있다.

전치사의 목적어: 동명사

She improved her English by practicing every day.
그녀는 매일 연습함으로써 그녀의 영어를 향상시켰다.

- 전치사는 동명사를 목적어로 취할 수 있어요.
- to부정사는 전치사의 목적어로 쓰일 수 없어요.

  She improved her English by to practice every day. (×)
- be interested in은 '~에 관심이 있다', look forward to는 '~을 고대[기대]하다'라는
  의미로 여기서 to는 전치사로 뒤에는 (동)명사가 와요.

Self Check 전치사구에 유의하여 문장을 해석하세요.

1 He is interested in learning new cultures.

2 We look forward to meeting you next week.

C **1** 그는 새로운 문화를 배우는 데 관심이 있다.　**2** 우리는 다음 주에 당신을 만나기를 고대한다.

1

Can humans live in space? How would it affect us? Because of these questions, scientists started the International Space Station (ISS). The ISS is a large satellite. Astronauts built it by connecting many modules. Scientists sent the first module in 1998. After that, they kept adding more modules.

This is a home for astronauts. They stay there and study space. A new crew comes every six months. And the earlier crew returns to the Earth. Then, scientists ______________________.

* module: 모듈, 조립 부품

human 인간
affect 영향을 미치다
international 국제적인
satellite (인공)위성
astronaut 우주 비행사
built 건설했다, 지었다
(build의 과거형)
connect 연결하다
sent 보냈다
(send의 과거형)
keep V-ing 계속 ~하다
add 추가하다, 더하다
crew 승무원
every ~마다, 매 ~
return 돌아가다, 돌아오다

NASA의 연구에 따르면, 무중력 상태가 인체에 미치는 구체적인 영향은 다음과 같아요. 척추가 늘어나 키가 약간 커질 수 있고, 중력 부족으로 뼈와 근육이 약해질 수 있어요. 체액이 상체로 몰려 얼굴이 부풀고, 시력이 저하될 수도 있어요. 몸무게는 많이 변하지 않지만, 무중력 상태로 인해 체중 감소를 경험할 수 있답니다.

정답과 해설 12쪽

1 국제 우주 정거장(ISS)을 건설한 최초의 이유를 우리말로 쓰세요. ▶251040-0043

(1) ____

(2) ____

2 국제 우주 정거장과 우주 비행사들에 대한 설명으로 알맞지 <u>않은</u> 것은? ▶251040-0044

① 그곳은 여러 모듈을 결합하여 만들었다.

② 그들은 그곳에 머물며 우주를 연구한다.

③ 6개월마다 새로운 승무원들이 늘어난다.

3 글의 빈칸에 들어갈 말로 가장 알맞은 것은? ▶251040-0045

① build another module for the crew

② examine their health after space life

③ return to the ISS for another mission

STRUCTURE 지문의 하이라이트 부분을 함께 분석해 봐요. (주어 S / 동사 V / 보어 C / 목적어 O / 목적격보어 OC / 부사적 수식어 M)

- Astronauts built it by connecting many modules.
  S · V · O · M

- This is a home for astronauts.
  S · V · C · M

- the earlier crew returns to the Earth
  S · V · M

2

Mongolians don't build houses. Instead, they live in round tents called gers. This is because they move every season. They need to find food for their animals. So gers are perfect for them. Gers are easy to carry and set up.

Mongolia has extreme weather. But gers are strong, so people can live in heavy winds and snow. Also, __(good, keep, warm, they, for, be)__ . Nowadays, gers are popular with tourists. Many people want to experience this unique culture.

Mongolian 몽골 사람
instead 대신에
season 계절, 철
perfect 완벽한
carry 운반하다, 나르다
set up 설치하다
extreme 극한의, 극심한
weather 날씨
strong 튼튼한, 강한
heavy (비 · 바람 따위가) 강한, 심한
nowadays 요즘
popular 인기 있는
tourist 관광객
experience 경험하다
unique 독특한

1 글의 주제로 가장 알맞은 것은?   ▶251040-0046

① what gers are made of
② how Mongolians survive
③ why Mongolians use gers

2 몽골 사람들에 대한 설명으로 알맞지 <u>않은</u> 것은?   ▶251040-0047

① 게르라는 둥근 텐트에서 생활한다.
② 동물 사냥을 위해 이동하며 산다.
③ 혹독한 환경을 견뎌 내며 생활한다.

3 게르의 장점에 대한 다음 표의 빈칸에 들어갈 말을 본문에서 찾아 쓰세요.   ▶251040-0048

장점 1	장점 2	장점 3
You can __________ it easily.	It isn't hard to __________ __________.	It is __________ against wind or snow.

4 글의 괄호 안에 주어진 말을 이용하여, 다음 우리말에 맞게 영어로 쓰세요.   ▶251040-0049

그것들은 따뜻하게 유지하기에 좋다

→ ____

STRUCTURE 지문의 하이라이트 부분을 함께 분석해 봐요. (주어 S / 동사 V / 보어 C / 목적어 O / 목적격보어 OC / 부사적 수식어 M)

- <u>gers</u> <u>are</u> <u>perfect</u> <u>for them</u>
  S   V   C   M

- <u>people</u> <u>can live</u> <u>in heavy winds and snow</u>
  S   V   M

- <u>gers</u> <u>are</u> <u>popular</u> <u>with tourists</u>
  S   V   C   M

학습한 내용을 다시 한번 살펴보세요.

SENTENCES 예시와 같이 문장을 분석하세요. (주어 S / 동사 V / 보어 C / 목적어 O / 목적격보어 OC / 부사적 수식어 M)

1 He is interested in learning new cultures.
   S V   C   M

2 Astronauts built it by connecting many modules.

3 They went to the beach during the vacation.

4 Lisa had dinner at the cafe with me.

5 Gers are good for keeping warm.

WORDS 빈칸에 알맞은 말을 써서 문장을 완성하세요.

1  The ISS is a large ______________.
국제 우주 정거장(ISS)은 큰 인공위성이다.

2  They move every ______________.
그들은 계절마다 이동한다.

3 Mongolia has ______________ weather.
몽골은 극한의 날씨를 가지고 있다.

4 ______________, they live in round tents.
대신에, 그들은 둥근 텐트에서 산다.

5 The earlier ______________ returns to the Earth.
이전의 승무원은 지구로 돌아간다.

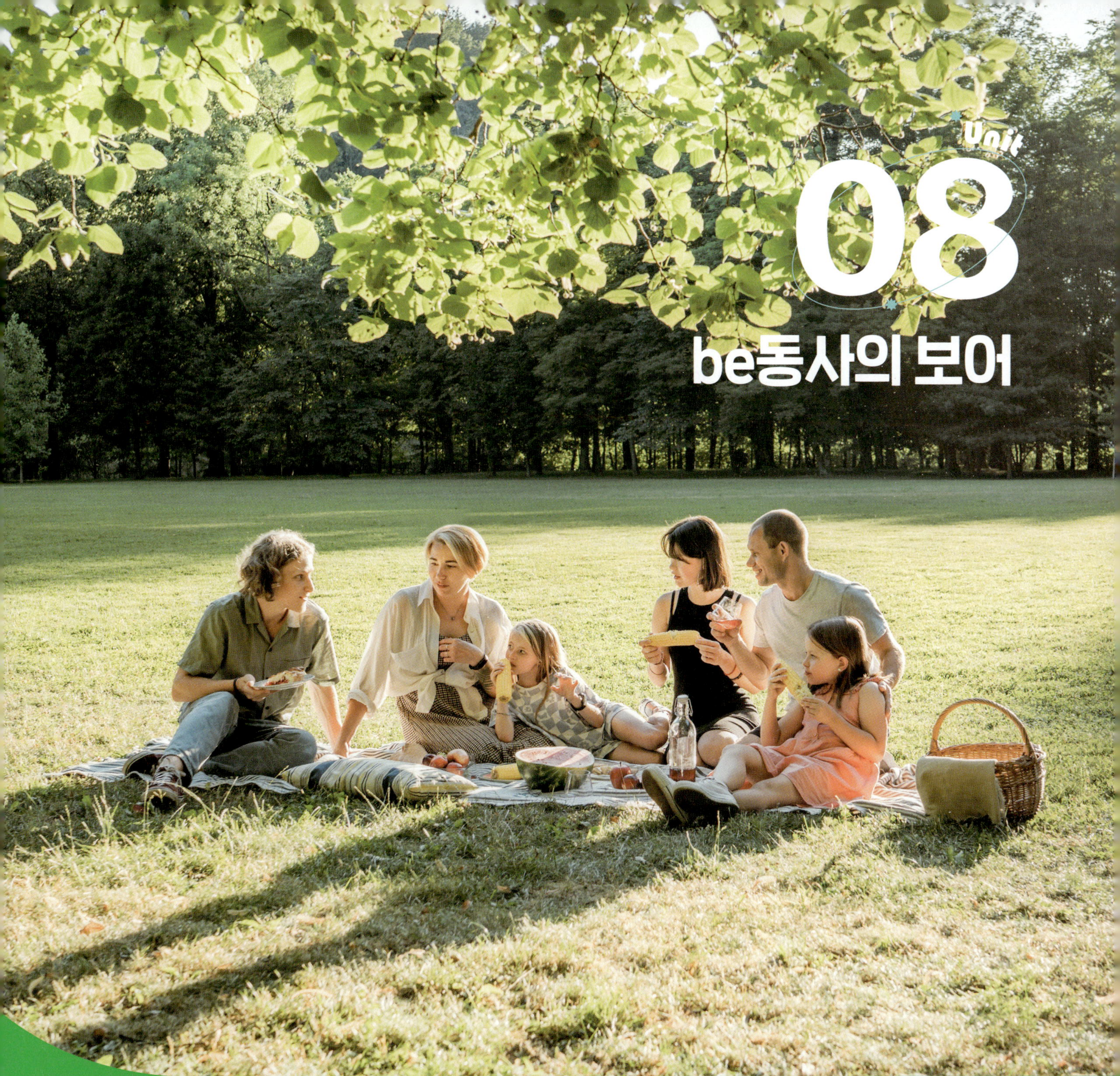

Unit 08 be동사의 보어

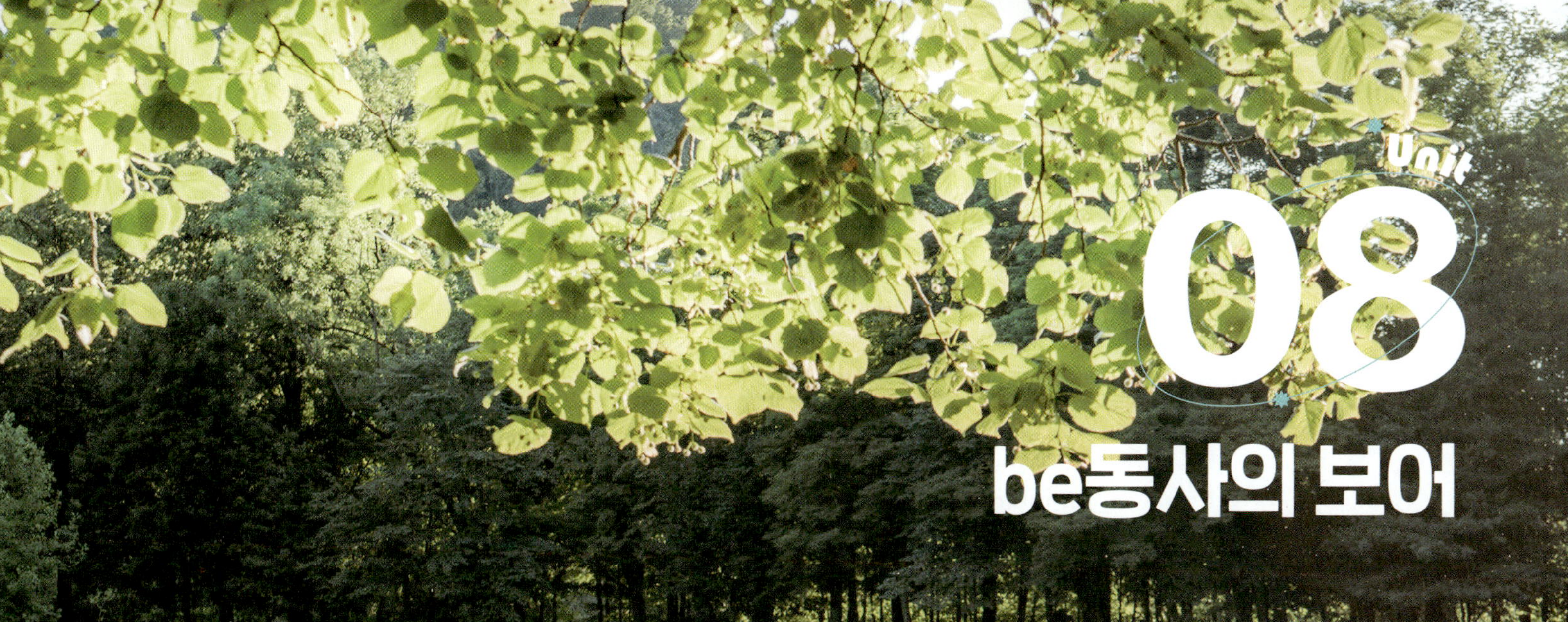

be동사 뒤에는 나오는 보어

- be동사 뒤에는 주어를 보충 설명하는 말이 나와요. 그것을 '(주격)보어'라고 해요.
- 보어로는 명사나 형용사에 해당하는 말이 올 수 있어요.

주어		동사		보어		
The weather 날씨는	+	is ~이다	+	perfect 완벽한	+	for a picnic. 소풍에

독해에 필요한 문법 사항을 확인하세요.

A 명사, 형용사 보어

He <u>will be</u> the team leader next year.
그는 내년에 그 팀의 리더가 될 것이다.

- be동사의 보어는 주격보어라고 하고, 의미상 '주어 = 주격보어'의 관계가 성립해요.
- 보어로 명사가 오면 '～이다', 형용사가 오면 '～한 상태이다'라는 의미로 해석할 수 있어요.

Self Check 보어에 유의하여 문장을 해석하세요.

1 The owl is active at night.

2 The Great Pyramid of Giza is a historical landmark.

B 동명사 보어

Her job <u>is</u> keeping the building safe.
그녀의 일은 그 건물을 안전하게 지키는 것이다.

- 명사 역할을 하는 동명사도 be동사의 보어로 올 수 있어요. 동명사는 '～하는 것, ～하기'로 해석해요.
- 〈be + 동사-ing〉는 진행형 동사로 사용될 때도 있으니 잘 구분해서 해석해야 해요.
  The guards are keeping the building safe.
  그 경호원들은 그 건물을 안전하게 지키고 있다.

Self Check 보어에 유의하여 문장을 해석하세요.

1 The best part of school is making new friends.

2 His favorite activity is drawing cute animals.

A 1 올빼미는 밤에 활동적이다(야행성이다).　**2** 기자의 대(大) 피라미드는 역사적인 랜드마크이다.
B 1 학교의 가장 좋은 점은 새로운 친구들을 만드는 것이다.　**2** 그가 가장 좋아하는 활동은 귀여운 동물들을 그리는 것이다.

C to부정사 보어

> **The most important thing <u>is</u> to be honest.**
> 가장 중요한 것은 정직해지는 것이다.

- to부정사도 명사 역할을 할 수 있으므로, be동사의 보어로 올 수 있어요.
- 동명사와 마찬가지로 '~하는 것, ~하기'로 해석해요.

Self Check 보어에 유의하여 문장을 해석하세요.

1 Their mission is to help people in need.
2 His dream is to be an astronaut.

D that절 보어

> **The problem <u>is</u> that they don't recycle things.**
> 문제는 그들이 물건들을 재활용하지 않는다는 것이다.

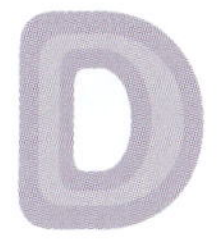

- that절도 명사 역할을 할 수 있으므로, be동사의 보어로 올 수 있어요.
- '~가 …라는 것, ~가 …한다는 것'과 같이 해석해요.

Self Check 보어에 유의하여 문장을 해석하세요.

1 The key point is that we should not waste energy.
2 The main idea is that teamwork leads to success.

C 1 그들의 임무는 도움이 필요한 사람들을 돕는 것이다.　2 그의 꿈은 우주 비행사가 되는 것이다.
D 1 핵심 요점은 우리가 에너지를 낭비해서는 안 된다는 것이다.　2 주된 생각은 팀워크가 성공으로 이어진다는 것이다.

Step Up

1

다음 글을 읽고, 질문에 답하세요.

These days, many people like to shop for second-hand items. The first goal is to save money. But it has other good points. It helps reduce trash. Recycling is one way to reduce waste. It is collecting items to make new things. Upcycling is another way. It is changing items to make something different.

But shopping second-hand is ______________. It produces zero trash. You can easily buy second-hand items online or at a store. Now, save money and reduce trash for our planet Earth.

WORDS

these days 요즘
second-hand 중고의
item 물품, 품목
good point 장점
goal 목표
save 절약하다, 저축하다
reduce 줄이다
trash 쓰레기
recycling 재활용
waste 쓰레기
collect 수거[수집]하다, 모으다
another 또 다른 (하나의)
produce 생산하다
planet 행성
Earth 지구

1 필자가 주장하는 바로 가장 알맞은 것은? ▶251040-0050

① 환경을 살리는 여러 가지 방법들이 있다.

② 중고 쇼핑은 경제와 환경에 도움이 된다.

③ 중고품 구매는 업사이클링으로 이어진다.

2 중고 거래의 장점 두 가지를 글에서 찾아 우리말로 쓰세요. ▶251040-0051

(1) ________________________________

(2) ________________________________

3 글의 빈칸에 들어갈 말로 가장 알맞은 것은? ▶251040-0052

① the same

② even better

③ time saving

STRUCTURE 지문의 하이라이트 부분을 함께 분석해 봐요. (주어 S / 동사 V / 보어 C / 목적어 O / 목적격보어 OC / 부사적 수식어 M)

- The first goal is to save money.
  S   V   C

- Recycling is one way to reduce waste.
  S   V   C

- Upcycling is another way.
  S   V   C

- It is changing items to make something different.
  S V   C   M

2

We live on a hard surface called the crust. The crust is a thin layer of solid rock. Below the crust, we have the mantle. It is hot rock and flows slowly. These two top layers of the Earth do amazing things. As the mantle flows, the hard crust breaks into pieces. These pieces are called plates.

___(be, move, that, the problem, these plates)___ along with the mantle. And sometimes, they crash into each other. It causes earthquakes. Sometimes, magma from the mantle finds a crack in the crust. Then it breaks through. This is a volcano.

* crust: (지구의) 지각 ** mantle: (지구의) 맨틀
*** plate: (지구의) 판 **** magma: 마그마

WORDS

surface 표면
thin 얇은, 가는
layer 층, 막
solid 단단한, 고체의
below ~ 아래
flow 흐르다
top 맨 위의
amazing 놀라운
break into pieces 여러 조각으로 깨지다
crash 충돌하다, 부딪치다
earthquake 지진
crack 틈, 금
break through 뚫고 나오다
volcano 화산

BACKGROUND KNOWLEDGE

화산은 지구 내부의 뜨거운 마그마가 지각을 뚫고 나와 용암, 가스, 재를 분출하는 곳이에요. 화산은 지구의 지각판이 움직이면서 형성되며, 폭발로 새로운 지형을 만들기도 한답니다.

1 글의 내용과 일치하지 <u>않는</u> 것은?　▶251040-0053

① 지각은 딱딱하고 얇은 층이다.

② 맨틀의 바로 아래가 지각이다.

③ 뜨거운 맨틀은 천천히 흐른다.

2 판에 대한 설명으로 알맞지 <u>않은</u> 것은?　▶251040-0054

① 맨틀에 의해 서서히 움직인다.

② 지각의 조각을 판이라고 한다.

③ 지각 때문에 맨틀은 갈라진다.

3 판, 지진, 화산의 생성 원인에 대한 다음 표를 완성하세요.　▶251040-0055

Plates	Earthquakes	Volcanoes
when the _________ breaks into pieces	when the _________ crash	when magma from the _________ breaks through the crust

4 글의 괄호 안에 주어진 말을 이용하여, 다음 우리말에 맞게 영어로 쓰세요.　▶251040-0056

문제는 이 판들이 움직인다는 것이다

→ ____

STRUCTURE 지문의 하이라이트 부분을 함께 분석해 봐요. (주어 S / 동사 V / 보어 C / 목적어 O / 목적격보어 OC / 부사적 수식어 M)

- <u>The crust</u> <u>is</u> <u>a thin layer of solid rock</u>.
  S　　V　　C

- <u>It</u> <u>is</u> <u>hot rock</u>
  S　V　C

- <u>This</u> <u>is</u> <u>a volcano</u>.
  S　　V　　C

학습한 내용을 다시 한번 살펴보세요.

SENTENCES 예시와 같이 문장을 분석하세요. (주어 S / 동사 V / 보어 C / 목적어 O / 목적격보어 OC / 부사적 수식어 M)

1 His favorite activity is drawing cute animals.
  S　　　　　V　　　C

2 The most important thing is to be honest.

3 The problem is that these plates move.

4 The first goal is to save money.

5 Upcycling is changing items to make something different.

WORDS 빈칸에 알맞은 말을 써서 문장을 완성하세요.

1 It helps ＿＿＿＿＿＿ trash.
그것은 쓰레기를 줄이는 데 도움이 된다.

2 The mantle ＿＿＿＿＿＿ slowly.
맨틀은 천천히 흐른다.

3 Upcycling is ＿＿＿＿＿＿ way.
업사이클링은 또 다른 방법이다.

4 Magma finds a ＿＿＿＿＿＿ in the crust.
마그마는 지각에서 틈을 발견한다.

5 Many people like to shop for ＿＿＿＿＿＿ items.
많은 사람들이 중고 물품을 쇼핑하기를 좋아한다.

09

일반동사의 보어

✦ **일반동사 뒤에 나오는 보어**

● 일반동사 뒤에도 주어를 보충 설명하는 보어가 나올 수 있어요.
● be동사의 보어와 마찬가지로, 보어로는 명사나 형용사에 해당하는 말이 올 수 있어요.

주어		동사		보어
The sky	+	turned	+	yellow.
하늘이		~하게 바뀌었다		노란

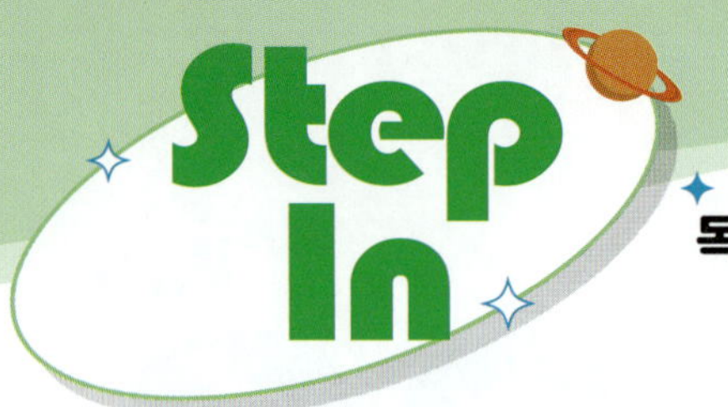

독해에 필요한 문법 사항을 확인하세요.

A become + 보어

In autumn, the trees <u>become</u> red and yellow.

가을에, 그 나무들은 빨갛고 노래진다.

- 동사 become 뒤에는 주어를 보충 설명하는 (주격)보어가 있어야 해요.
- 보어로는 명사나 형용사를 쓰며, '〜이 되다, 〜해지다'라고 해석해요.

Self Check 보어에 유의하여 문장을 해석하세요.

1 The world became a global village.
2 The snow will become ice tomorrow morning.

B get + 보어

As winter comes, the weather <u>gets</u> colder.

겨울이 오면서, 날씨가 더 추워진다.

- 동사 get 뒤에 오는 형용사는 주어를 보충 설명하는 보어예요.
- 〈get + 형용사〉는 '〜해지다, 〜하게 되다'라고 해석해요.

Self Check 보어에 유의하여 문장을 해석하세요.

1 He got sick after eating too much ice cream.
2 She gets tired after a long day.

A 1 세계는 지구촌이 되었다.　2 그 눈은 내일 아침에 얼음이 될 것이다.
B 1 그는 너무 많은 아이스크림을 먹은 후에 아팠다.　2 그녀는 긴 하루를 보낸 후에 피곤해진다.

C turn + 보어

Her face <u>turned</u> pale when she heard the news.

그녀가 그 소식을 들었을 때 그녀의 얼굴이 창백해졌다.

- 동사 turn 뒤에 오는 형용사는 주어를 보충 설명하는 보어예요.
- 〈turn + 형용사〉는 '~으로 변하다, ~가 되다'라고 해석해요.

Self Check 보어에 유의하여 문장을 해석하세요.

1 The sky turns dark as the sun sets.
2 You can go when the light turns green.

D 감각동사 + 보어

The bedroom <u>feels</u> warm and cozy.

그 침실은 따뜻하고 아늑하게 느껴진다.

- 감각동사 뒤에는 보어로 형용사가 와요.
- 감각동사는 다음과 같아요.
  feel 느끼다 / look 보이다 / sound 들리다 / taste 맛이 나다 / smell 냄새가 나다 등

Self Check 보어에 유의하여 문장을 해석하세요.

1 The chicken soup smells very delicious.
2 The old castle looks mysterious in the moonlight.

C 1 해가 질 때 하늘이 어두워진다.   2 당신은 불빛이 녹색으로 바뀌면 갈 수 있다.
D 1 그 치킨 수프는 매우 맛있는 냄새가 난다.   2 그 오래된 성은 달빛 속에서 신비롭게 보인다.

Step Up

다음 글을 읽고, 질문에 답하세요.

1

Blue whales are the largest animals on the planet. They are not blue out of the water. But their color turns light blue underwater. This is how they got their name. Their color becomes different underwater because of the light and the water.

The water filters out red and yellow light more than blue and green. This is why things underwater look more blue or green. Look at pictures of the sea. It is blue and green on sunny days.

* blue whale: 흰긴수염고래

WORDS

planet 행성, 지구
out of ~의 밖에서
light 연한; 빛
underwater 물속에서
because of ~ 때문에
filter out ~을 걸러 내다
look at ~을 보다

1 글의 주제로 가장 알맞은 것은? ▶251040-0057

① what makes colors change underwater
② why people think blue whales are blue
③ why things look more blue underwater

2 물과 빛의 색의 관계를 설명하는 문장을 글에서 찾아 우리말로 해석하세요. ▶251040-0058

→ 물은 ____.

3 흰긴수염고래에 대한 설명으로 알맞지 <u>않은</u> 것은? ▶251040-0059

① 그들은 지구상에서 가장 큰 동물이다.
② 그들은 물 밖에서는 파란색이 아니다.
③ 그들은 몸의 색을 바꿔 가며 위장한다.

STRUCTURE 지문의 하이라이트 부분을 함께 분석해 봐요. (주어 S / 동사 V / 보어 C / 목적어 O / 목적격보어 OC / 부사적 수식어 M)

- their color | turns | light blue | underwater
  S   V   C   M

- Their color | becomes | different | underwater
  S   V   C   M

- things underwater | look | more blue or green
  S   V   C

2

Tacos are a popular food in Mexico. They look delicious, but they taste even more (A) [delicious / deliciously]. It is not hard to make. On a tortilla, put ingredients like beef, chicken, fish, or beans. Add some vegetables like onions and some salsa sauce. Now, fold it and enjoy.

In Mexico, people enjoy tacos for breakfast, lunch, or dinner. You can find taco stands on many street corners. Each stand has its own special recipes. They smell so (B) [good / well] that you get hungry right away.

* tortilla: 토르티야 (멕시코의 둥글고 얇게 구운 옥수수빵)
** salsa sauce: 살사 소스 (멕시코 음식에 쓰이는 소스)

WORDS

popular 인기 있는
Mexico 멕시코
delicious 맛있는
even 훨씬 (비교급 강조)
ingredient (요리의) 재료
bean 콩
vegetable 채소
onion 양파
fold 접다
stand 가판대, 좌판
own 자신의
special 특별한
recipe 요리법, 조리법
hungry 배고픈
right away 곧바로, 즉시

1 글의 제목으로 가장 알맞은 것은? ▶251040-0060

① Get a Taco for Your Health
② The Taco, a Taste of Mexico
③ Make Your Own Tacos Now

2 타코에 대한 설명으로 알맞지 <u>않은</u> 것은? ▶251040-0061

① 다양한 재료를 넣어서 먹는다.
② 토르티야로 재료를 싸 먹는다.
③ 주로 간단한 점심으로 즐긴다.

3 글의 내용과 일치하는 것은? ▶251040-0062

① 타코는 주로 식당에서 먹을 수 있다.
② 많은 노점에서 타코를 맛볼 수 있다.
③ 가게마다 일정한 요리법을 준수한다.

4 글의 (A)와 (B)에서 알맞은 말을 각각 골라 쓰세요. ▶251040-0063

(A) ________________

(B) ________________

STRUCTURE 지문의 하이라이트 부분을 함께 분석해 봐요. (주어 S / 동사 V / 보어 C / 목적어 O / 목적격보어 OC / 부사적 수식어 M)

- <u>They</u> <u>look</u> <u>delicious</u>
    S   V   C

- <u>you</u> <u>get</u> <u>hungry</u> <u>right away</u>
    S   V   C   M

학습한 내용을 다시 한번 살펴보세요.

SENTENCES 예시와 같이 문장을 분석하세요. (주어 S / 동사 V / 보어 C / 목적어 O / 목적격보어 OC / 부사적 수식어 M)

1 In autumn, the trees become red and yellow.
      M   S   V   C

2 She gets tired after a long day.

3 Things underwater look more blue or green.

4 Tacos taste even more delicious.

5 The sky turns dark as the sun sets.

WORDS 빈칸에 알맞은 말을 써서 문장을 완성하세요.

1 Add some ______________ like onions.
양파 같은 채소들을 좀 추가하라.

2 Their color turns ______________ blue underwater.
그들의 색은 물속에서 연한 파란색으로 변한다.

3 Tacos are a ______________ food in Mexico.
타코는 멕시코에서 인기 있는 음식이다.

4 You can find taco ______________ on many street corners.
당신은 많은 길모퉁이에서 타코 가판대들을 찾을 수 있다.

5 Put ______________ like beef, chicken, fish, or beans.
소고기, 닭고기, 생선, 또는 콩과 같은 재료들을 놓아라.

Unit 10 목적격보어 (5형식)

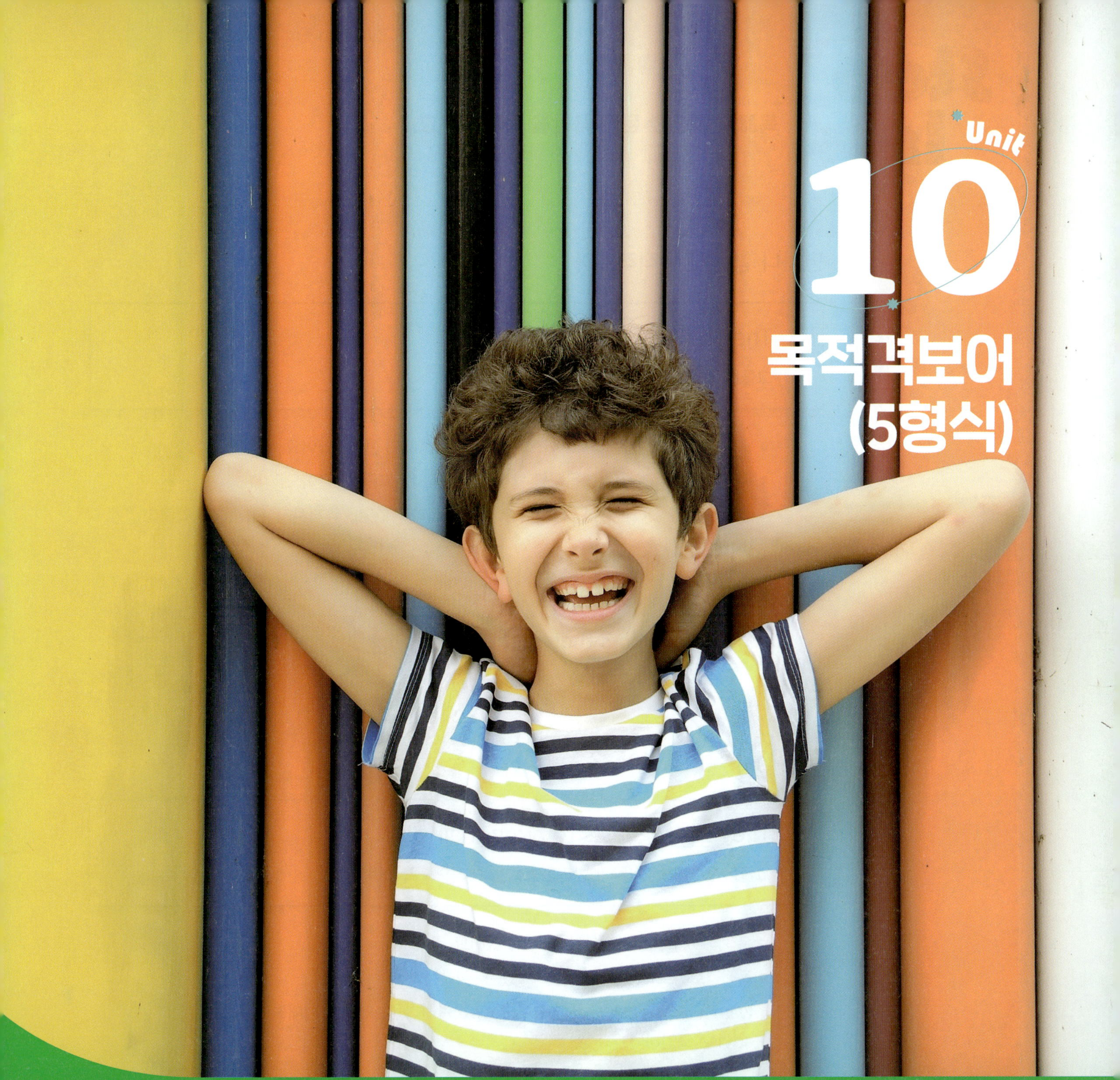

목적어 뒤에 나오는 보어

- 목적어 뒤에서 그 목적어를 보충 설명하는 말을 목적격보어라고 해요.
- 보어로는 명사나 형용사에 해당하는 말이 올 수 있어요.

주어		동사		목적어		목적격보어
He 그는	+	made 만들었다	+	everyone 모두를	+	smile. 미소 짓게

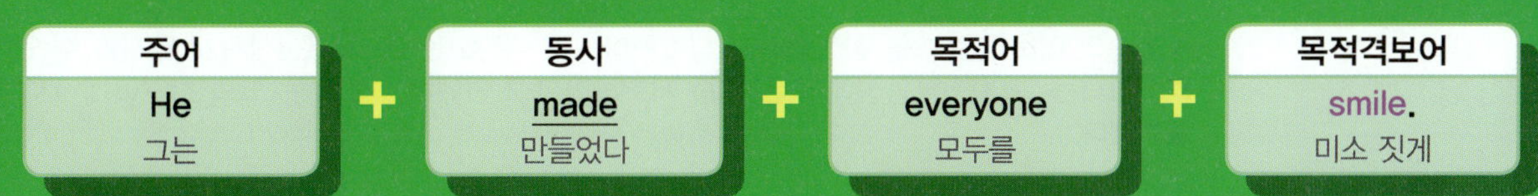

독해에 필요한 문법 사항을 확인하세요.

A 명사나 형용사 목적격보어

> They **call** their daughter "Angel."
>
> 그들은 그들의 딸을 '천사'라고 부른다.

- 목적어 뒤에 오는 목적격보어로는 명사나 형용사가 올 수 있어요.
- 목적격보어로 명사나 형용사를 쓸 수 있는 동사는 다음과 같아요.
  name 이름 짓다 / call 부르다 / make 만들다 / keep 유지하다 / think 생각하다 / turn 변하게 하다 등

Self Check 목적격보어에 유의하여 문장을 해석하세요.

1 His neighbors thought him kind.

2 Fridges can keep food fresh.

B to부정사 목적격보어

> They **allow** guests to bring their pets.
>
> 그들은 손님들이 그들의 반려동물들을 데려오도록 허락한다.

- 목적격보어로 to부정사가 올 수도 있어요.
- 목적격보어로 to부정사를 쓸 수 있는 동사는 다음과 같아요.
  want 원하다 / ask 요청하다 / allow 허락하다 / expect 기대하다 / tell 말하다 / advise 조언하다 등

Self Check 목적격보어에 유의하여 문장을 해석하세요.

1 She advised her brother to save some money.

2 He asked his friend to come by at 9.

A 1 그의 이웃들은 그를 친절하다고 생각했다.　2 냉장고는 음식을 신선하게 유지할 수 있다.
B 1 그녀는 그녀의 남동생에게 돈을 좀 저축하라고 조언했다.　2 그는 그의 친구에게 9시에 들러 달라고 요청했다.

C 원형부정사 목적격보어

> **The company <u>lets</u> the workers go home early on Friday.**
> 그 회사는 그 직원들을 금요일에 일찍 집에 가게 해 준다.

- 목적격보어로 to가 없는 동사원형, 즉 원형부정사가 올 수도 있어요.
- 목적격보어로 원형부정사를 쓸 수 있는 동사는 다음과 같아요.
  사역동사: let ~하게 해 주다, 놔두다 / make ~하게 만들다 / have ~하게 하다
  지각동사: feel 느끼다 / see 보다 / watch 보다 / hear 듣다 / smell 냄새를 맡다 등

Self Check 목적격보어에 유의하여 문장을 해석하세요.

1 They heard him talk about his trip.
2 She made him water the plants.

D 현재분사 목적격보어

> **He <u>saw</u> his dad preparing a meal.**
> 그는 그의 아빠가 식사를 준비하고 있는 것을 보았다.

- 목적격보어로 현재 진행 중이라는 점을 강조하여 현재분사(동사-ing)가 올 수 있어요.
- 목적격보어로 현재분사를 쓸 수 있는 동사는 지각동사로 다음과 같아요.
  feel 느끼다 / see 보다 / watch 보다 / hear 듣다 / smell 냄새를 맡다 등

Self Check 목적격보어에 유의하여 문장을 해석하세요.

1 They felt the boat moving across the lake.
2 She heard the children laughing loudly outside.

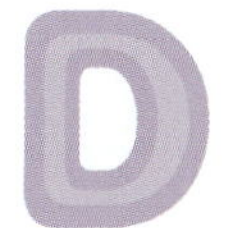

C 1 그들은 그가 그의 여행에 대해서 이야기하는 것을 들었다.   2 그녀는 그가 그 식물들에게 물을 주게 만들었다.   D 1 그들은 그 보트가 호수를 가로질러 움직이고 있는 것을 느꼈다.   2 그녀는 그 아이들이 밖에서 크게 웃고 있는 것을 들었다.

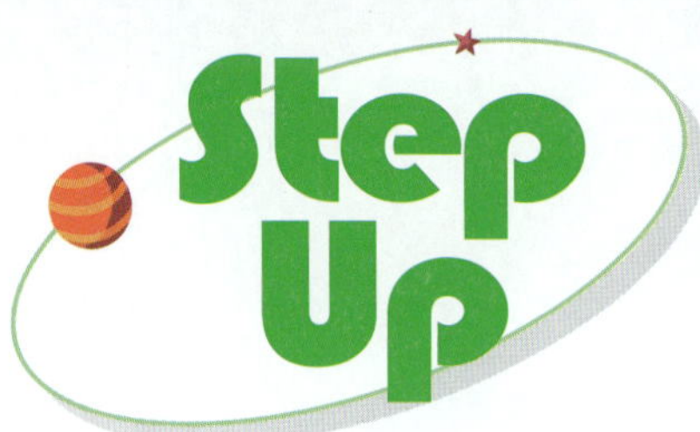

1

다음 글을 읽고, 질문에 답하세요.

Like a trail of footprints, you leave a trail online. It is called a digital footprint. When you are online, the records are somewhere on the Internet. And they stay there for a long time. So be careful when you write a comment or a message.

We often see people leave bad comments. It makes others frown. And some comments even hurt others' feelings. Some advise them to delete the bad comments. But traces of the digital footprint can _____________.

WORDS

trail 흔적, 자국
footprint 발자국
leave 남기다
record 기록
somewhere 어딘가에
careful 주의 깊은, 조심하는
comment 댓글, 논평
frown 얼굴을 찡그리다
even ~도, ~조차
hurt (감정을) 상하게 하다
feeling 감정, 느낌
advise 조언하다
delete 삭제하다
trace 흔적, 자취

1 digital footprint에 대한 다음의 정의로 가장 알맞은 것은? ▶251040-0064

(내용 일치)

> 인터넷에 남은 __________

① 나쁜 댓글
② 활동 기록
③ 접속 정보

2 글의 빈칸에 들어갈 말로 가장 알맞은 것은? ▶251040-0065

(빈칸 추론)
① remain online
② become valuable
③ change over time

3 글을 다음과 같이 요약할 때, 빈칸에 알맞은 말을 글에서 찾아 쓰세요. ▶251040-0066

(요약 완성)

Your online ______________ stay on the Internet for long, so try not to do anything ______________ online.

STRUCTURE 지문의 하이라이트 부분을 함께 분석해 봐요. (주어 S / 동사 V / 보어 C / 목적어 O / 목적격보어 OC / 부사적 수식어 M)

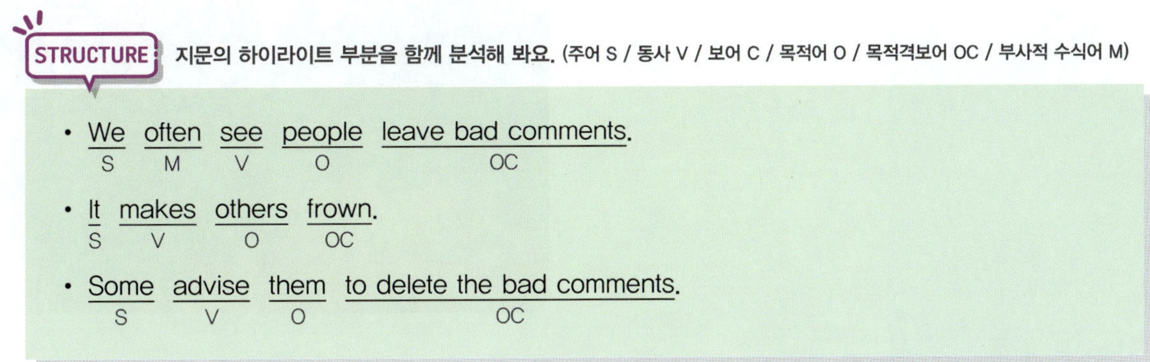

2

Today, we see more wildfires burning large areas. Even worse, they are getting bigger. Scientists say this is because of climate change. The Earth is getting warmer and drier. And it makes wildfires happen more often. Once a wildfire starts, it can last for a long time.

In 2020, a huge wildfire in Australia burned 12 million hectares. That is about the size of England! People called it "Black Summer" because ___(it, black, everything, turn)___ .

* hectare: 헥타르 (1만 평방미터)

WORDS

wildfire 산불, 들불
burn 불태우다
even 훨씬(비교급 강조)
worse 더 안 좋은 것은
scientist 과학자
climate 기후
change 변화
warmer 더 따뜻한
(warm의 비교급)
drier 더 건조한
(dry의 비교급)
happen 발생하다,
벌어지다
once 일단 ~하면
last 계속되다, 지속되다
huge 거대한, 엄청난

1 글의 제목으로 가장 알맞은 것은?　251040-0067

제목 파악

① Main Causes of Wildfires

② Wildfires and Their Damage

③ Climate Change and Wildfires

2 산불의 원인과 결과에 대한 다음 표의 빈칸에 알맞은 말을 글에서 찾아 쓰세요.　251040-0068

분석 정리

Cause	Effect 1	Effect 2
The Earth is getting _________ and _________.	Wildfires happen _________ _________.	Wildfires get _________.

3 글의 내용과 일치하는 것은?　251040-0069

내용 일치

① 한 산불이 잉글랜드 전역을 시커먼 재로 만들었다.

② 한 산불이 잉글랜드 면적에 맞먹는 크기를 태웠다.

③ 호주의 검은 여름은 해마다 점점 더 길어지고 있다.

4 글의 괄호 안에 주어진 말을 이용하여, 다음 우리말에 맞게 영어로 쓰세요.　251040-0070

어법 판단

> 그것은 모든 것을 검게 변하게 했다

→ _______________________________

STRUCTURE 지문의 하이라이트 부분을 함께 분석해 봐요. (주어 S / 동사 V / 보어 C / 목적어 O / 목적격보어 OC / 부사적 수식어 M)

- we　see　more wildfires　burning large areas
  S　V　O　OC

- it　makes　wildfires　happen more often
  S　V　O　OC

- People　called　it　"Black Summer"
  S　V　O　OC

SENTENCES 예시와 같이 문장을 분석하세요. (주어 S / 동사 V / 보어 C / 목적어 O / 목적격보어 OC / 부사적 수식어 M)

1 He asked his friend to come by at 9.
   S   V   O   OC

2 They heard him talk about his trip.

3 She heard the children laughing loudly outside.

4 Some advise them to delete the bad comments.

5 People called it "Black Summer."

WORDS 빈칸에 알맞은 말을 써서 문장을 완성하세요.

1  You leave a ____________ online.
   당신은 온라인에 흔적을 남긴다.

2  It makes others ____________.
   그것은 다른 사람들이 얼굴을 찡그리게 만든다.

3  A wildfire can ____________ for a long time.
   산불은 오랫동안 지속될 수 있다.

4 This is because of ____________ change.
   이것은 기후 변화 때문이다.

5  It makes wildfires ____________ more often.
   그것은 산불이 더 자주 발생하게 만든다.

수식어(구)

✨ **문장의 의미를 풍부하게 하는 수식어(구)**

- 명사를 꾸며 주는 형용사와 형용사, 부사, 동사나 문장 전체를 꾸며 주는 부사(구)를 수식어라고 해요.
- 전치사구는 형용사처럼 명사를 꾸며 주기도 하고, 부사처럼 쓰일 수도 있어요.

주어		동사		수식어(구)
The bright sun 밝은 태양이	**+**	is shining 빛나고 있다	**+**	in the sky. 하늘에서

독해에 필요한 문법 사항을 확인하세요.

A 형용사(구)

> The **tall** tree provides **lots of** shade.
> 그 **키가 큰** 나무는 **많은** 그늘을 제공한다.

- 수식어인 형용사(구)는 명사 앞에서 명사를 더 자세히 설명하는 역할을 해요.
- 수량을 표현하는 형용사(구)도 있어요.
  lots of, a lot of, many, much 많은 / a little, a few 약간의 / little, few 거의 없는

Self Check 형용사(구) 수식어에 유의하여 문장을 해석하세요.

1 A lot of people visit the new museum.
2 The curious man asked around about the mystery accident.

B 부사(구)

> **Finally**, they reached the top of the **very** high mountain.
> **마침내**, 그들은 그 **매우** 높은 산의 정상에 도달했다.

- 부사(구)는 문장에서 형용사, 다른 부사, 동사, 또는 문장 전체를 꾸며 주는 역할을 해요.

Self Check 부사(구) 수식어에 유의하여 문장을 해석하세요.

1 She answered the question quickly and correctly.
2 Fortunately, they got a really good opportunity.

A 1 많은 사람들이 그 새로운 박물관을 방문한다. 2 호기심이 많은 남자가 그 불가사의한 사고에 대해 묻고 다녔다. B 1 그녀는 그 질문에 빠르고 정확하게 대답했다. 2 다행스럽게도, 그들은 정말 좋은 기회를 얻었다.

C 전치사구

The cat **with a red ribbon** is sleeping **on a blanket**.
빨간 리본을 한 고양이가 담요 위에서 자고 있다.

● 전치사구는 명사 뒤에서 명사를 꾸며 주기도 하고, 부사처럼 쓰이기도 해요.

Self Check 전치사구에 유의하여 문장을 해석하세요.

1 The little house by the lake looks very beautiful.

2 The toys on the shelf fell on the floor.

C **1** 호숫가의 작은 집은 매우 아름다워 보인다.   **2** 선반에 있는 장난감들이 바닥에 떨어졌다.

다음 글을 읽고, 질문에 답하세요.

1

Some people love watching sports. Others enjoy playing them. But they all <u>love</u> sports very much. And each person has their favorite sports. Like this, there are more popular sports in each country. For example, in China, people are big fans of table tennis. In Canada, ice hockey is the top sport.

In the U.S., football, baseball, and basketball are more popular than soccer. And people in New Zealand go crazy about rugby. What are the popular sports in your country?

WORDS

favorite 가장 좋아하는
like ~ 같이, ~처럼
popular 인기 있는
each 각각의
country 나라, 국가
for example 예를 들어
a big fan of ~의 열렬한 팬
table tennis 탁구
ice hockey 아이스하키
football 미식축구
baseball 야구
basketball 농구
soccer 축구
go crazy about ~에 열광하다
rugby 럭비

1 글의 주제로 가장 알맞은 것은? ▶251040-0071

① 나라별로 사랑받고 있는 스포츠 종목

② 가장 많은 팬들을 가지고 있는 스포츠

③ 스포츠별로 그 인기가 다른 주요 이유

2 글의 내용과 일치하지 <u>않는</u> 것은? ▶251040-0072

① 탁구는 중국에서 큰 인기를 누리고 있다.

② 캐나다에서 아이스하키가 큰 사랑을 받고 있다.

③ 미국에서는 미식축구를 축구만큼 즐긴다.

3 글의 밑줄 친 love와 같은 의미로 사용된 표현을 글에서 두 개 찾아 쓰세요. ▶251040-0073

(1) ___________________________________

(2) ___________________________________

STRUCTURE 지문의 하이라이트 부분을 함께 분석해 봐요. (주어 S / 동사 V / 보어 C / 목적어 O / 목적격보어 OC / 부사적 수식어 M)

- they all love sports very much
  S   V   O   M

- in China, people are big fans of table tennis
  M   S   V   C

- In Canada, ice hockey is the top sport.
  M   S   V   C

2

Every country has a name. And (A) __(its old name, usually, it, from, come)__ . For example, the name Korea comes from the kingdom of Goryeo. China is from the Qin (pronounced "Chin") Dynasty.

But (B) ________________________ . Long ago, the Chinese called Japan "Zhifanguo." This means land of the rising sun. From China, Japan is to the east. In the 13th century, Marco Polo was traveling in China. There, he heard the name. Later, he wrote Japan as "Cipangu" in his book. This is how Japan got its name.

WORDS

come from ~에서 유래
하다
kingdom 왕국
pronounce 발음하다
dynasty 왕조
mean 의미하다
land 땅
rising 떠오르는
east 동쪽
century 세기, 100년

✦ 정답과 해설 20쪽

1 글의 주제로 가장 알맞은 것은? ▶251040-0074

주제 파악
① Japan이라는 이름을 가진 나라들
② 일본을 Japan으로 쓰게 된 이유
③ 아시아 3국 나라 이름의 유사성

2 나라 이름에 대한 설명으로 알맞은 것은? ▶251040-0075

내용 일치
① Japan은 고대 왕과 그 왕조의 이름에서 유래했다.
② Japan은 오래전 일본이 스스로를 부르던 이름이다.
③ Japan은 중국이 일본을 부르던 이름에서 유래했다.

3 글의 괄호 (A)에 주어진 말을 이용하여, 다음 우리말에 맞게 영어로 쓰세요. ▶251040-0076

어법 판단

> 그것은 주로 그것의 옛 이름에서 유래한다

→ ____

4 글의 빈칸 (B)에 들어갈 말로 가장 알맞은 것은? ▶251040-0077

빈칸 추론
① Japan has a sad story about its name
② people didn't know Japan existed then
③ the name Japan has a different history

STRUCTURE 지문의 하이라이트 부분을 함께 분석해 봐요. (주어 S / 동사 V / 보어 C / 목적어 O / 목적격보어 OC / 부사적 수식어 M)

- This means land of the rising sun.
  S   V   O

- In the 13th century, Marco Polo was traveling in China.
  M   S   V   M

- Later, he wrote Japan as "Cipangu" in his book.
  M   S   V   O   M   M

학습한 내용을 다시 한번 살펴보세요.

SENTENCES 예시와 같이 문장을 분석하세요. (주어 S / 동사 V / 보어 C / 목적어 O / 목적격보어 OC / 부사적 수식어 M)

1 She answered the question quickly and correctly.
    S   V   O   M

2 The tall tree provides lots of shade.

3 Later, he wrote Japan as "Cipangu" in his book.

4 The little house by the lake looks very beautiful.

5 In Canada, ice hockey is the top sport.

WORDS 빈칸에 알맞은 말을 써서 문장을 완성하세요.

1 This means land of the ______________ sun.
이것은 떠오르는 태양의 땅을 의미한다.

2 In China, people are big ______________ of table tennis.
중국에서는, 사람들이 탁구의 열렬한 팬들이다.

3 People in New Zealand ______________ ______________ about rugby.
뉴질랜드 사람들은 럭비에 열광한다.

4 In the U.S., basketball is more ______________ than soccer.
미국에서는 농구가 축구보다 더 인기 있다.

5 In the 13th ______________, Marco Polo was traveling in China.
13세기에, 마르코 폴로는 중국을 여행하고 있었다.

✦ **수식어로 쓰이는 to부정사**

● to부정사는 명사 뒤에서 명사를 꾸며 주는 형용사 역할을 할 수 있어요.

● to부정사는 문장에서 다양한 의미의 부사 역할을 할 수 있어요.

주어		동사		부사		부사적 to부정사
They 그들은	+	practiced 연습했다	+	hard 열심히	+	to win the game. 그 경기에서 이기기 위해

독해에 필요한 문법 사항을 확인하세요.

A to부정사 형용사적 용법

> He didn't have <u>any work</u> to do.
>
> 그는 할 일이 하나도 없었다.

- 형용사로 쓰이는 to부정사는 주로 명사 뒤에 오며, '~(해야) 할, ~하는'으로 해석해요.
- to부정사의 수식을 받는 명사는 그 앞에 명사를 수식하는 형용사가 있을 수 있어요.

Self Check 형용사 역할을 하는 to부정사에 유의하여 문장을 해석하세요.

1 They found a movie to watch this weekend.
2 People need a friend to talk to.

B -thing + 형용사 + to부정사

> We are looking for <u>something new</u> to try.
>
> 우리는 시도해 볼 새로운 무언가를 찾고 있다.

- -thing, -one, -body 등의 대명사를 꾸미는 형용사는 대명사 뒤에 오고, to부정사는 형용사 뒤에 위치해요.

Self Check 형용사 역할을 하는 to부정사에 유의하여 문장을 해석하세요.

1 Is there anything cold to drink?
2 They want someone creative to design their logo.

A 1 그들은 이번 주말에 볼 영화를 찾아냈다.   2 사람들은 이야기할 친구가 필요하다.
B 1 마실 차가운 뭔가가 있나요?   2 그들은 그들의 로고를 디자인할 창의적인 누군가를 원한다.

to부정사 부사적 용법: 동사나 문장의 목적

> **Nicole listens to music to relax.**
>
> Nicole은 편히 쉬기 위해 음악을 듣는다.

- 부사의 역할을 하는 to부정사는 동사나 문장의 목적을 나타내어 '～하기 위해'로 해석할 수 있어요.

Self Check 부사 역할을 하는 to부정사에 유의하여 문장을 해석하세요.

1 Companies use social media to advertise their products.

2 The teacher explained again to help them understand.

to부정사 부사적 용법: 앞의 형용사 수식, 원인, 판단의 근거

> **The book is <u>difficult</u> to read.**
>
> 그 책은 읽기에 어렵다.

- to부정사는 앞에 있는 형용사를 꾸미는 부사의 역할을 해서, '～하기에'라고 해석할 수 있어요.
- to부정사는 감정의 원인을 나타내어 '～하게 되어, ～해서'라고 해석할 수 있어요.
- to부정사는 판단의 근거를 나타내어 '～하다니'라고 해석할 수 있어요.

Self Check 부사 역할을 하는 to부정사에 유의하여 문장을 해석하세요.

1 She was surprised to receive such a big gift.

2 He must be upset to speak to us like that.

C 1 회사들은 그들의 제품을 광고하기 위해 소셜 미디어를 이용한다. **2** 그 선생님은 그들이 이해하도록 돕기 위해서 다시 설명했다. **D 1** 그녀는 그런 큰 선물을 받게 되어 놀랐다. **2** 우리에게 그렇게 말하다니 그는 화가 난 것이 틀림없다.

1

Every big city has a subway system. Buses are a good way to move around a city. But people use the subway to travel quickly. This is because there are no traffic jams. Thanks to the subway, people can be on time in a busy city. If you have something important to attend, take the subway.

A lot of people ride the subway every day. So it uses colorful lines. Each color shows where a train goes. People can easily and quickly ______________________.

WORDS

subway 지하철
system 시스템, 체계
travel 이동하다
quickly 빠르게
traffic jam 교통 체증
thanks to ~ 덕분에
on time 제시간에
important 중요한
attend 참석하다
take (교통수단을) 타다
ride 타다
colorful 다채로운, 형형색색의
easily 쉽게

BACKGROUND KNOWLEDGE

지하철 시스템이 발달된 도시들은 대중교통이 편리하고 효율적이에요. 예를 들어, 뉴욕, 런던, 도쿄, 서울 등은 큰 지하철 네트워크를 갖추고 있어 많은 사람들이 빠르고 쉽게 이동할 수 있답니다. 이들 도시의 지하철은 다양한 노선과 정기적인 운행으로 교통 혼잡을 줄이고, 도시 생활을 더 편리하게 만듭니다.

◆ 정답과 해설 22쪽

1 글의 제목으로 가장 알맞은 것은?　　　　　　　　▶251040-0078

① Take the Subway and Be on Time
② Quick and Easy Travel by Subway
③ Without the Subway, There Is No City

2 지하철의 장점으로 언급된 것이 <u>아닌</u> 것은?　　　　　　　　▶251040-0079

① 신속성
② 경제성
③ 편리성

3 글의 빈칸에 들어갈 말로 가장 알맞은 것은?　　　　　　　　▶251040-0080

① find their lost items
② get on and off the train
③ find the right train to take

STRUCTURE 지문의 하이라이트 부분을 함께 분석해 봐요. (주어 S / 동사 V / 보어 C / 목적어 O / 목적격보어 OC / 부사적 수식어 M)

- <u>Buses</u> <u>are</u> <u>a good way to move around a city</u>.
　S　　V　　　　　　　C

- <u>People</u> <u>use</u> <u>the subway</u> <u>to travel quickly</u>.
　S　　V　　O　　　　　M

- <u>you</u> <u>have</u> <u>something important to attend</u>
　S　　V　　　　O

2

We feel happy to see a person with good manners. And everyone respects that person. (A) <u>To become one</u>, there are some magic words (B) <u>to use</u>. The first magic word is "Thanks." This word shows you are polite. And others will like you more.

The second magic word is "Sorry." Don't be afraid (C) <u>to apologize</u>. People will feel thankful when you express your feelings. The third magic word is "Please." Use this word (D) <u>to show</u> you respect others. It will make you a good person.

1 필자가 주장하는 바로 가장 알맞은 것은?　▶251040-0081

 주장 파악

① 예의 바른 사람이 존중받을 자격이 있다.

② 말 몇 마디로 좋은 사람을 사귈 수 있다.

③ 간단한 말로 존중받는 사람이 될 수 있다.

2 글의 내용과 일치하지 <u>않는</u> 것은?　▶251040-0082

 내용 일치

① 감사를 표현하는 것은 좋은 예절의 하나이다.

② 미안한 감정은 표현하지 않는 것이 더 낫다.

③ 좋은 사람은 상대방을 존중하는 표현을 쓴다.

3 글에서 언급된 3가지 마법의 말을 찾아 우리말로 쓰세요.　▶251040-0083

 내용 일치

(1) ＿＿＿＿＿＿＿＿＿＿＿＿＿

(2) ＿＿＿＿＿＿＿＿＿＿＿＿＿

(3) ＿＿＿＿＿＿＿＿＿＿＿＿＿

4 글의 밑줄 친 (B)~(D) 중, (A)와 쓰임이 같은 to부정사를 찾아 그 의미를 쓰세요.　▶251040-0084

어법 판단　→ ＿＿＿＿＿＿＿＿＿＿＿＿＿＿＿＿＿＿＿＿＿＿＿＿＿＿＿

STRUCTURE 지문의 하이라이트 부분을 함께 분석해 봐요. (주어 S / 동사 V / 보어 C / 목적어 O / 목적격보어 OC / 부사적 수식어 M)

- <u>We</u>　<u>feel</u>　<u>happy</u>　<u>to see a person with good manners</u>.
  　S　　V　　C　　　　　　　M

학습한 내용을 다시 한번 살펴보세요.

SENTENCES 예시와 같이 문장을 분석하세요. (주어 S / 동사 V / 보어 C / 목적어 O / 목적격보어 OC / 부사적 수식어 M)

1 People use the subway to travel quickly.
　　　 S　　 V　　　 O　　　　　　 M

2 They found a movie to watch this weekend.

3 They want someone creative to design their logo.

4 She was surprised to receive such a big gift.

5 Companies use social media to advertise their products.

WORDS 빈칸에 알맞은 말을 써서 문장을 완성하세요.

1 There are no ＿＿＿＿＿＿＿＿ ＿＿＿＿＿＿＿.
교통 체증이 없다.

2 People will feel ＿＿＿＿＿＿＿.
사람들은 고맙게 느낄 것이다.

3 Everyone ＿＿＿＿＿＿＿ that person.
모든 사람이 그 사람을 존중한다.

4 People can be ＿＿＿＿＿＿＿ ＿＿＿＿＿＿＿ in a busy city.
사람들은 바쁜 도시에서 제시간에 도착할 수 있다.

5 Don't be afraid to ＿＿＿＿＿＿＿.
사과하는 것을 두려워하지 마라.

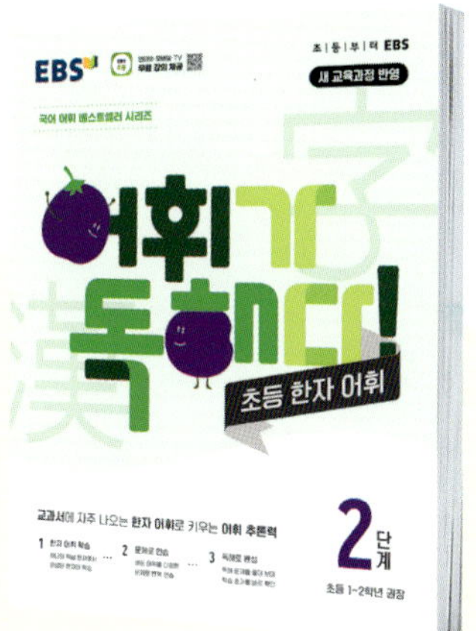

초등 국어 어휘 — 1~6단계

초등 한자 어휘 — 1~4단계

그 중요성이 이미 입증된 어휘력,
이제 확장하고 추가해서 **학습 기본기를 더 탄탄하게!**

전체 영역	'초등 국어 어휘' 영역	NEW '초등 한자 어휘' 영역
새 교육과정/교과서 반영으로 더 앞서가도록	1~6단계로 확장 개편해서 더 빈틈없도록	한자 어휘 영역도 추가해서 더 풍부하도록

'초등 국어 어휘'는 학년별 새 교육과정 적용 시기에 따라 순차 발간

문해력은 어휘에서 시작된다!
EBS 초등 어맛! 어휘 맛집

EBS 초등 필수 어휘 수록!
생활밀착형 만화로 신나고 재밌는 어휘 공부!

어휘와 문법, 맞춤법의 다양한 소개! 자연스러운 어휘 활용 문장 소개!
다양한 퀴즈를 통해 한 단계 실력 UP!

- 지금까지 나온 EBS 초등 어맛 시리즈 -

어휘 맛집 | 속담 맛집 | 한국사 어휘 맛집 | 사자성어 맛집 | 관용구 맛집 | 뉴스 어휘 맛집 | 어휘 맛집 2호점

기초 문장 학습으로
구문과 독해를 한 번에!

Step by Step

초등 영구문, 독해의 힘!

LEVEL 2

Workbook

A

영어 단어에는 우리말 뜻을, 우리말 뜻에는 영어 단어를 쓰세요. (본책 제시 기준)

01 poor _______________

02 nutrient _______________

03 volunteer _______________

04 attract _______________

05 break down _______________

06 in need _______________

07 have a hard time -ing

____

08 눈이 먼, 맹인인 _______________

09 ~을 통해 _______________

10 꽉, 단단히 _______________

11 덫, 함정 _______________

12 액체 _______________

13 토양, 흙 _______________

14 연결하다 _______________

B

우리말과 같은 뜻이 되도록 빈칸에 알맞은 말을 보기 에서 골라 쓰세요.

> 보기   hard time   breaks down   attracts   in need   nutrients

01 The plant _______________ the insect.

그 식물은 그 곤충을 분해한다.

02 The plant gets _______________ from it.

그 식물은 그것으로부터 영양분을 얻는다.

03 Something sweet _______________ small insects like flies.

달콤한 뭔가가 파리와 같은 작은 곤충들을 끌어들인다.

04 They can have a(n) _______________ reading a label.

그들은 라벨을 읽는 데 어려움을 겪을 수 있다.

05 It is a great way to help others _______________.

그것은 어려움에 처한 사람들을 돕는 훌륭한 방법이다.

A 예시와 같이 우리말 의미에 맞게 영어의 순서를 쓰세요. (본책 제시 기준)

01 그는 몇몇 흥미로운 책들을 샀다.

books bought interesting he some
  5   2   4   1   3

02 그녀는 정원에서 반짝이는 무언가를 발견했다.

found shiny she something in the garden.

03 그들의 잎들은 달콤한 뭔가를 가지고 있다.

something hold sweet their leaves

04 그 앱은 시각 장애인들을 자원봉사자들과 연결한다.

connects blind volunteers people the app with

B 우리말 의미에 맞게 주어진 말을 활용하여 문장을 완성하세요.

01 그들은 그 행사에 특별한 누군가를 초대했다. (special, invite, someone)

They ________________________ to the event.

02 그들은 그 건물에 있는 그 미술관을 방문했다. (the building, the gallery, in)

They visited ________________________.

03 그 식물은 그 곤충으로부터 영양분을 얻는다. (nutrients, get, the plant)

________________________ from the insect.

04 시각 장애인들은 자원봉사자에게 전화하기 위해 그 앱을 이용한다. (blind people, the app, use)

________________________ to call a volunteer.

Unit 02 대명사 목적어

A

영어 단어에는 우리말 뜻을, 우리말 뜻에는 영어 단어를 쓰세요. (본책 제시 기준)

01 warning ___________________

02 language ___________________

03 national ___________________

04 laboratory ___________________

05 fun ___________________

06 line up ___________________

07 protect A from B ___________________

08 설명하다 ___________________

09 대비[준비]시키다 ___________________

10 화학 물질 ___________________

11 공유하다 ___________________

12 뿌리 ___________________

13 결과 ___________________

14 공격하다; 공격 ___________________

B

우리말과 같은 뜻이 되도록 빈칸에 알맞은 말을 보기 에서 골라 쓰세요.

> 보기 explain prepare share chemicals protect

01 They use special ______________.

그들은 특수한 화학 물질을 사용한다.

02 He used it to ______________ science.

그는 과학을 설명하기 위해 그것을 사용했다.

03 They can ______________ information about nutrients.

그들은 영양분에 대한 정보를 공유할 수 있다.

04 They can ______________ themselves from insects.

그들은 곤충으로부터 스스로를 보호할 수 있다.

05 Nearby plants then ______________ themselves.

그러면 근처의 식물들이 스스로를 대비시킨다.

A 예시와 같이 우리말 의미에 맞게 영어의 순서를 쓰세요. (본책 제시 기준)

01 그의 엄마가 그를 돌보았다.

<u>of</u> <u>took care</u> <u>his mom</u> <u>him</u>
  3   2   1   4

02 그들은 승리에 대해 그들 자신을 축하했다.

<u>winning</u> <u>congratulated</u> <u>they</u> <u>themselves</u> <u>on</u>

03 그들은 그 일에 대해 당신의 도움이 필요하다.

<u>the work</u> <u>your help</u> <u>need</u> <u>with</u> <u>they</u>

04 식물들은 곤충으로부터 스스로를 보호할 수 있다

<u>insects</u> <u>protect</u> <u>can</u> <u>from</u> <u>plants</u> <u>themselves</u>

B 우리말 의미에 맞게 주어진 말을 활용하여 문장을 완성하세요.

01 그 식물은 화학 물질을 만들어 그것들을 내보낸다. (send, out)

The plant makes chemicals and ___________________________.

02 그 새는 그것의 둥지를 짓고 있다. (build, nest)

The bird ___________________________.

03 그녀는 그녀 자신에게 심호흡을 하라고 말한다. (tell)

She ___________________________ take a deep breath.

04 John은 그 질문을 스스로에게 물었다. (the question, ask)

John ___________________________.

Unit 03 — 동명사 목적어

A

영어 단어에는 우리말 뜻을, 우리말 뜻에는 영어 단어를 쓰세요. (본책 제시 기준)

01 combine	________	**08** 문화	________
02 try	________	**09** 외국의	________
03 satellite	________	**10** 충돌, 추락; 충돌하다	________
04 track	________	**11** 수거[수집]하다	________
05 junk	________	**12** 피하다	________
06 recommend	________	**13** 끝; 끝나다	________
07 danger	________	**14** 가능성	________

B

우리말과 같은 뜻이 되도록 빈칸에 알맞은 말을 보기 에서 골라 쓰세요.

> 보기   junk   combining   tracking   crashing   cultures

01 Scientists started ______________ the junk.

과학자들은 그 쓰레기를 추적하기 시작했다.

02 The crash created lots of space ______________.

그 충돌은 많은 우주 쓰레기를 만들어 냈다.

03 Many people from different ______________ live together.

다른 문화권들에서 온 많은 사람들이 함께 산다.

04 Two satellites couldn't avoid ______________ into each other.

두 인공위성이 서로 충돌하는 것을 피할 수 없었다.

05 People began ______________ foods from different cultures.

사람들은 다른 문화권에서 온 음식을 결합하기 시작했다.

A 예시와 같이 우리말 의미에 맞게 영어의 순서를 쓰세요. (본책 제시 기준)

01 음식은 결코 변하는 것을 멈추지 않을 것이다.

will   changing   food   stop   never
2   5   1   4   3

02 과학자들은 그 쓰레기를 추적하기 시작했다.

the junk   tracking   scientists   started

03 그녀는 밤에 스마트폰을 사용하는 것을 피한다.

avoids   her smartphone   using   she   at night.

04 사람들은 다른 문화권에서 온 음식을 먹어 보는 것을 즐긴다.

enjoy   people   from other cultures   foods   trying

B 우리말 의미에 맞게 주어진 말을 활용하여 문장을 완성하세요.

01 비닐봉투를 사용하는 것을 멈추세요. (use, stop, please)

___________________________ plastic bags.

02 그 고양이는 그 소파에서 자는 것을 매우 좋아한다. (love, sleep)

___________________________ on the sofa.

03 그는 무대 위에서 기타를 치기 시작했다. (play, start)

___________________________ the guitar on stage.

04 그는 그의 숙제를 하는 것을 마쳤다. (do, finish)

___________________________ his homework.

 **Words**

A 영어 단어에는 우리말 뜻을, 우리말 뜻에는 영어 단어를 쓰세요. (본책 제시 기준)

01 decide ______________________

02 common ______________________

03 understand ______________________

04 foreigner ______________________

05 automobile ______________________

06 laptop ______________________

07 in return ______________________

08 동작, 손짓, 몸짓 ______________________

09 신호를 보내다; 신호 ______________________

10 무례한, 예의 없는 ______________________

11 주먹 ______________________

12 교환하다, 주고받다 ______________________

13 계속하다 ______________________

14 손바닥 ______________________

B 우리말과 같은 뜻이 되도록 빈칸에 알맞은 말을 보기 에서 골라 쓰세요.

> 보기   trade   exchanged   rude   signal   common

01 It is the ______________ for "stop" or "wait."

그것은 '멈춰' 또는 '기다려'라는 신호이다.

02 She ______________ the hairpin for earrings.

그녀는 머리핀을 귀걸이와 교환했다.

03 It is ______________ in many cultures.

그것은 많은 문화들에서 흔하다.

04 With this trailer, she made her final ______________.

이 트레일러로, 그녀는 그녀의 마지막 거래를 했다.

05 Showing an open palm is very ______________.

열린 손바닥을 보여 주는 것은 매우 무례하다.

A 예시와 같이 우리말 의미에 맞게 영어의 순서를 쓰세요. (본책 제시 기준)

01 그들은 그 지도자와 회의를 하기를 원한다.

want with the leader a meeting they to have
 2   5   4   1   3

02 그녀는 거래할 누군가를 찾기를 바랐다.

to find hoped someone she to trade with

03 당신이 떠날 때 그 문을 잠가야 한다는 것을 기억하라.

to remember the door lock when you leave.

04 그 남자는 그 게임의 규칙들을 설명하기 시작했다.

the rules to explain began of the game the man

B 우리말 의미에 맞게 주어진 말을 활용하여 문장을 완성하세요.

01 그녀는 그것을 소셜 미디어에 게시해 보았다. (post, try, it)

She ___________________________ on social media.

02 때때로 우리는 손동작을 사용할 필요가 있다. (use, need)

Sometimes, ___________________________ hand gestures.

03 그녀는 더 비싼 물건들로 계속해서 거래했다. (trade, continue)

___________________________ for more expensive items.

04 우리는 '멈춰'라는 신호를 보내기를 원할 때, 열린 손바닥을 보여 준다. (want, signal)

When ___________________________ "stop," we show an open palm.

Unit 05

명사절 목적어

Words

A

영어 단어에는 우리말 뜻을, 우리말 뜻에는 영어 단어를 쓰세요. (본책 제시 기준)

01 several　_______________

02 perhaps　_______________

03 fake　_______________

04 character　_______________

05 find out　_______________

06 take time　_______________

07 in that case　_______________

08 (자료의) 출처　_______________

09 우화　_______________

10 도덕적인　_______________

11 선(善), 선함　_______________

12 정보　_______________

13 고대의　_______________

14 어린 시절　_______________

B

우리말과 같은 뜻이 되도록 빈칸에 알맞은 말을 보기 에서 골라 쓰세요.

> 보기　moral　perhaps　takes time　in that case　characters

01 Fact-checking _______________.

사실 확인은 시간이 걸린다.

02 Fables are stories with animal _______________.

우화는 동물 등장인물들이 나오는 이야기이다.

03 _______________ the most famous fable writer is Aesop.

아마도 가장 유명한 우화 작가는 이솝일 것이다.

04 _______________, some fact-checking websites can be helpful.

그런 경우에는, 일부 사실 확인 웹사이트들이 도움이 될 수 있다.

05 They teach us a _______________ lesson.

그것들은 우리에게 도덕적인 교훈을 가르쳐 준다.

A 예시와 같이 우리말 의미에 맞게 영어의 순서를 쓰세요. (본책 제시 기준)

01 우리는 우화가 무엇인지 알고 있다.

fables　know　we　what　are
[4]　　[2]　　[1]　[3]　　[5]

02 그들은 그녀가 언제 올지 모른다.

when　she　don't know　will come　they
[ ]　[ ]　　[ ]　　　[ ]　　[ ]

03 우리는 모든 것이 사실이라고 믿지 않는다.

everything　we　that　is true　don't believe
[ ]　[ ]　[ ]　[ ]　　[ ]

04 우리는 선이 악을 이긴다는 것을 배운다.

over bad　that　we　good　wins　learn
[ ]　　[ ]　[ ]　[ ]　[ ]　[ ]

B 우리말 의미에 맞게 주어진 말을 활용하여 문장을 완성하세요.

01 그는 그 수학 문제를 어떻게 푸는지 물었다. (solve, to)

He asked ______________________________ the math problem.

02 그녀는 그 새로운 프로젝트를 언제 시작해야 할지 물었다. (start, to)

She asked ______________________________ the new project.

03 우리는 온라인에 가짜 정보가 있다는 것을 알고 있다. (information, fake, there)

We know ______________________________ online.

04 그는 그 기계가 어떻게 작동하는지 이해했다. (work, the machine)

He understood ______________________________.

Unit 06

간접목적어와 직접목적어

Words

A

영어 단어에는 우리말 뜻을, 우리말 뜻에는 영어 단어를 쓰세요. (본책 제시 기준)

01 complain _______________

02 pollution _______________

03 admire _______________

04 renewable _______________

05 meaningful _______________

06 mysterious _______________

07 run out _______________

08 조치, 행동 _______________

09 포함하다 _______________

10 (문제 등을) 일으키다 _______________

11 주인, 소유주 _______________

12 나타나다 _______________

13 기발한, 영리한 _______________

14 지우다 _______________

B

우리말과 같은 뜻이 되도록 빈칸에 알맞은 말을 보기 에서 골라 쓰세요.

> 보기 power   mysterious   run out   meaningful   actions

01 Banksy is _______________.

Banksy는 신비하다.

02 They never _______________.

그것들은 절대 고갈되지 않는다.

03 The sunlight can _______________ the whole world.

햇빛은 전 세계에 동력을 공급할 수 있다.

04 One of the _______________ is using renewable energy.

그 조치들 중 하나는 재생 가능한 에너지를 사용하는 것이다.

05 Banksy's work is both fun and _______________.

Banksy의 작품은 재미있으면서도 의미가 있다.

A 예시와 같이 우리말 의미에 맞게 영어의 순서를 쓰세요. (본책 제시 기준)

01 지구는 우리에게 생명을 준다.

gives life the Earth us
  2   4   1   3

02 사람들은 서로에게 이 질문을 묻는다.

each other ask this question people

03 그의 할머니가 그에게 그 오래된 시계를 주었다.

the old watch him gave his grandma

04 그녀의 온화한 미소가 모두에게 행복을 가져다준다.

everyone brings happiness her gentle smile to

B 우리말 의미에 맞게 주어진 말을 활용하여 문장을 완성하세요.

01 그는 그녀에게 그가 시간이 없다고 말하는 중이다. (have, not, that, time)

He is telling _______________________________.

02 그녀는 그녀의 딸에게 빨간 드레스를 만들어 주었다. (daughter, a dress, red)

She made _____________________________________.

03 그들은 우리에게 우리가 우리 행성 없이는 살 수 없다고 말하고 있다. (tell, that)

_______________________________ we can't live without our planet.

04 그는 그의 선생님에게 하늘이 왜 파란지 물었다. (the sky, why)

He asked his teacher _______________________________.

Unit 07 전치사의 목적어

A

영어 단어에는 우리말 뜻을, 우리말 뜻에는 영어 단어를 쓰세요. (본책 제시 기준)

01 affect ___________________ 08 대신에 ___________________

02 satellite ___________________ 09 계절, 철 ___________________

03 crew ___________________ 10 우주 비행사 ___________________

04 international ___________________ 11 ~마다, 매 ~ ___________________

05 extreme ___________________ 12 독특한 ___________________

06 set up ___________________ 13 완벽한 ___________________

07 keep V-ing ___________________ 14 경험하다 ___________________

B

우리말과 같은 뜻이 되도록 빈칸에 알맞은 말을 보기 에서 골라 쓰세요.

보기   experience   kept   set up   affect   every

01 How would it _____________ us?

그것이 우리에게 어떻게 영향을 미칠까?

02 They _____________ adding more modules.

그들은 계속해서 더 많은 모듈들을 추가했다.

03 Gers are easy to carry and _____________.

게르는 운반하고 설치하기에 쉽다.

04 A new crew comes _____________ six months.

새로운 승무원이 6개월마다 온다.

05 Many people want to _____________ this culture.

많은 사람들이 이 문화를 경험하기를 원한다.

A 예시와 같이 우리말 의미에 맞게 영어의 순서를 쓰세요. (본책 제시 기준)

01 그들은 그들의 동물들을 위해 먹이를 찾을 필요가 있다.

<u>food</u> <u>they</u> <u>for</u> <u>to find</u> <u>need</u> their animals.

[4] [1] [5] [3] [2]

02 이것은 우주 비행사들을 위한 집이다.

<u>is</u> <u>astronauts</u> <u>for</u> <u>this</u> <u>a home</u>

03 우리는 당신을 만나기를 고대한다.

<u>you</u> <u>look forward to</u> <u>we</u> <u>meeting</u>

04 우리는 회의실에서 그것들에 대해 이야기하고 있다.

<u>about them</u> <u>are talking</u> <u>in</u> <u>we</u> the meeting room.

B 우리말 의미에 맞게 주어진 말을 활용하여 문장을 완성하세요.

01 그는 새로운 문화를 배우는 데 관심이 있다. (in, learn, interested)

He _____________________________ new cultures.

02 게르는 관광객들에게 인기가 있다. (tourists, with, popular)

Gers _____________________________.

03 그녀는 매일 연습함으로써 그녀의 영어를 향상시켰다. (practice, by, every day)

She improved her English _____________________________.

04 우주 비행사들이 많은 모듈들을 연결함으로써 그것을 건설했다. (connect, by, modules, many)

Astronauts built it _____________________________.

Unit 08 · be동사의 보어

A 영어 단어에는 우리말 뜻을, 우리말 뜻에는 영어 단어를 쓰세요. (본책 제시 기준)

01 crash ___________________ **08** 또 다른 (하나의) ___________________

02 layer ___________________ **09** 줄이다 ___________________

03 produce ___________________ **10** 표면 ___________________

04 trash ___________________ **11** 단단한, 고체의 ___________________

05 waste ___________________ **12** 얇은, 가는 ___________________

06 earthquake ___________________ **13** 흐르다 ___________________

07 second-hand ___________________ **14** 틈, 금 ___________________

B 우리말과 같은 뜻이 되도록 빈칸에 알맞은 말을 보기 에서 골라 쓰세요.

> 보기 produces   layer   surface   earthquakes   waste

01 It causes _____________.

그것이 지진들을 일으킨다.

02 It _____________ zero trash.

그것은 쓰레기를 전혀 생산하지 않는다.

03 The crust is a thin _____________ of solid rock.

지각은 단단한 암석의 얇은 층이다.

04 Recycling is one way to reduce _____________.

재활용은 쓰레기를 줄이는 한 가지 방법이다.

05 We live on a hard _____________ called the crust.

우리는 지각이라고 불리는 단단한 표면 위에 산다.

A 예시와 같이 우리말 의미에 맞게 영어의 순서를 쓰세요. (본책 제시 기준)

01 그의 꿈은 우주 비행사가 되는 것이다.

is be an astronaut his dream to
[2][4] [5] [1] [3]

02 업사이클링은 다른 무언가를 만들기 위해 물품들을 변화시키는 것이다.

items upcycling changing to make something different is

03 핵심 요점은 우리가 에너지를 낭비해서는 안 된다는 것이다.

the key point we energy that is should not waste

04 문제는 그들이 물건들을 재활용하지 않는다는 것이다.

that they is don't recycle the problem things

B 우리말 의미에 맞게 주어진 말을 활용하여 문장을 완성하세요.

01 그녀의 일은 그 건물을 안전하게 지키는 것이다. (keeping, job)

___________________________ the building safe.

02 학교의 가장 좋은 점은 새로운 친구들을 만드는 것이다. (making, new, friend)

The best part of school ___________________________.

03 주된 생각은 팀워크가 성공으로 이어진다는 것이다. (lead to, success, teamwork, that)

The main idea ___________________________.

04 그들의 임무는 도움이 필요한 사람들을 돕는 것이다. (people, help, to)

Their mission ___________________________ in need.

일반동사의 보어

A 영어 단어에는 우리말 뜻을, 우리말 뜻에는 영어 단어를 쓰세요. (본책 제시 기준)

01 recipe ＿＿＿＿＿＿＿＿＿ 　08 콩 ＿＿＿＿＿＿＿＿＿

02 even ＿＿＿＿＿＿＿＿＿ 　09 양파 ＿＿＿＿＿＿＿＿＿

03 ingredient ＿＿＿＿＿＿＿＿＿ 　10 접다 ＿＿＿＿＿＿＿＿＿

04 vegetable ＿＿＿＿＿＿＿＿＿ 　11 자신의 ＿＿＿＿＿＿＿＿＿

05 underwater ＿＿＿＿＿＿＿＿＿ 　12 인기 있는 ＿＿＿＿＿＿＿＿＿

06 out of ＿＿＿＿＿＿＿＿＿ 　13 연한; 빛 ＿＿＿＿＿＿＿＿＿

07 filter out ＿＿＿＿＿＿＿＿＿ 　14 가판대, 좌판 ＿＿＿＿＿＿＿＿＿

B 우리말과 같은 뜻이 되도록 빈칸에 알맞은 말을 보기 에서 골라 쓰세요.

> 보기　out of　　even　　fold　　own　　filters out

01 Now, ＿＿＿＿＿＿＿ it and enjoy.

이제, 그것을 접어서 즐겨라.

02 They taste ＿＿＿＿＿＿＿ more delicious.

그것들은 훨씬 더 맛있는 맛이 난다.

03 They are not blue ＿＿＿＿＿＿＿ the water.

그들은 물 밖에서는 파란색이 아니다.

04 Each stand has its ＿＿＿＿＿＿＿ special recipes.

각각의 가판대는 그 자신의 특별한 요리법을 가지고 있다.

05 The water ＿＿＿＿＿＿＿ red and yellow light.

물은 빨간색과 노란색 빛을 걸러 낸다.

A **예시와 같이 우리말 의미에 맞게 영어의 순서를 쓰세요. (본책 제시 기준)**

01 그 침실은 따뜻하고 아늑하게 느껴진다.

the bedroom　warm　feels　cozy　and
　　1　　　　3　　2　　5　　4

02 그 눈은 내일 아침에 얼음이 될 것이다.

will become　the snow　ice　tomorrow　morning.

03 그들의 색이 물속에서 달라진다.

different　their color　becomes　underwater.

04 그 오래된 성은 달빛 속에서 신비롭게 보인다.

mysterious　in　the old castle　looks　the moonlight.

B **우리말 의미에 맞게 주어진 말을 활용하여 문장을 완성하세요.**

01 당신은 곧바로 배가 고파진다. (hungry, get)

______________________________ right away.

02 해가 질 때 하늘이 어두워진다. (dark, the sky, turn)

______________________________ as the sun sets.

03 그들의 색이 물속에서 연한 파란색으로 변한다. (turn, their, light)

______________________________ underwater.

04 그는 너무 많은 아이스크림을 먹은 후에 아팠다. (sick, get)

______________________________ after eating too much ice cream.

Unit 10 — 목적격보어 (5형식)

A

영어 단어에는 우리말 뜻을, 우리말 뜻에는 영어 단어를 쓰세요. (본책 제시 기준)

01 trail _________________

02 happen _________________

03 wildfire _________________

04 delete _________________

05 leave _________________

06 frown _________________

07 somewhere _________________

08 계속[지속]되다 _________________

09 기후 _________________

10 조언하다 _________________

11 기록 _________________

12 발자국 _________________

13 거대한, 엄청난 _________________

14 더 안 좋은 것은 _________________

B

우리말과 같은 뜻이 되도록 빈칸에 알맞은 말을 보기 에서 골라 쓰세요.

> 보기   worse   delete   footprint   somewhere   wildfires

01 It is called a digital _______________.

그것은 디지털 발자국이라고 불린다.

02 Even _______________, wildfires are getting bigger.

훨씬 더 안 좋은 것은, 산불은 점점 더 커지고 있다.

03 We see more _______________ burning large areas.

우리는 더 많은 산불들이 넓은 지역을 불태우는 것을 본다.

04 The records are _______________ on the Internet.

그 기록이 인터넷 어딘가에 존재한다.

05 Some advise them to _______________ the bad comments.

어떤 사람들은 그들에게 안 좋은 댓글을 삭제하라고 조언한다.

A   예시와 같이 우리말 의미에 맞게 영어의 순서를 쓰세요. (본책 제시 기준)

01   그의 이웃들은 그를 친절하다고 생각했다.

thought   him   his neighbors   kind
   2   3   1   4

02   그녀는 그녀의 남동생에게 돈을 좀 저축하라고 조언했다.

to save   her brother   advised   she   some money

03   그는 그의 아빠가 식사를 준비하고 있는 것을 보았다.

his dad   he   a meal   preparing   saw

04   우리는 사람들이 안 좋은 댓글을 남기는 것을 본다.

comments   people   we   bad   see   leave

B   우리말 의미에 맞게 주어진 말을 활용하여 문장을 완성하세요.

01   냉장고는 음식을 신선하게 유지할 수 있다. (fresh, food, keep)

Fridges can ___________________________.

02   그것은 산불이 더 자주 발생하게 만든다. (happen, make, wildfires)

It ___________________________ more often.

03   그 불은 모든 것을 검게 변하게 했다. (black, everything, turn)

The fire ___________________________.

04   그들은 손님들이 그들의 반려동물들을 데려오도록 허락한다. (guests, bring, allow)

They ___________________________ their pets.

Unit 11 수식어(구)

A

영어 단어에는 우리말 뜻을, 우리말 뜻에는 영어 단어를 쓰세요. (본책 제시 기준)

01 dynasty ______________

02 century ______________

03 rising ______________

04 come from ______________

05 for example ______________

06 a big fan of ______________

07 go crazy about ______________

08 의미하다 ______________

09 가장 좋아하는 ______________

10 ~ 같이, ~처럼 ______________

11 인기 있는 ______________

12 각각의 ______________

13 나라, 국가 ______________

14 왕국 ______________

B

우리말과 같은 뜻이 되도록 빈칸에 알맞은 말을 보기 에서 골라 쓰세요.

> 보기   kingdom   country   Dynasty   each   like

01 Every ______________ has a name.

모든 나라는 이름을 가지고 있다.

02 China is from the Qin ______________.

China는 진(秦) 왕조에서 유래한다.

03 ______________ person has their favorite sports.

각 사람은 자신이 가장 좋아하는 스포츠가 있다.

04 ______________ this, there are more popular sports in each country.

이와 같이, 각 나라에 더 인기 있는 스포츠가 있다.

05 The name Korea comes from the ______________ of Goryeo.

한국(Korea)이라는 이름은 고려(Goryeo) 왕국에서 유래한다.

A 예시와 같이 우리말 의미에 맞게 영어의 순서를 쓰세요. (본책 제시 기준)

01 그들은 모두 스포츠를 아주 많이 사랑한다.

sports   they all   very much   love

[3]   [1]   [4]   [2]

02 선반에 있는 장난감들이 바닥에 떨어졌다.

on the shelf   fell   the toys   on   the floor.

03 빨간 리본을 한 고양이가 담요 위에서 자고 있다.

the cat   on   is sleeping   with a red ribbon   a blanket.

04 많은 사람들이 그 새로운 박물관을 방문한다.

the new museum   visit   a lot of   people

B 우리말 의미에 맞게 주어진 말을 활용하여 문장을 완성하세요.

01 중국에서 보면, 일본은 동쪽에 있다. (to, Japan, the east)

From China, _________________________________.

02 마침내, 그들은 그 매우 높은 산의 정상에 도달했다. (mountain, the, of, high)

Finally, they reached the top _________________________________.

03 다행스럽게도, 그들은 정말 좋은 기회를 얻었다. (opportunity, a, really)

Fortunately, they got _________________________________.

04 중국에서, 사람들은 탁구의 열렬한 팬들이다. (big fans, table tennis, of)

In China, people are _________________________________.

Unit 12

형용사/부사적 용법의 to부정사

A 영어 단어에는 우리말 뜻을, 우리말 뜻에는 영어 단어를 쓰세요. (본책 제시 기준)

01 colorful _______________

02 apologize _______________

03 ride _______________

04 manners _______________

05 traffic jam _______________

06 thanks to _______________

07 on time _______________

08 참석하다 _______________

09 존중[존경]하다 _______________

10 마법의, 마법 같은 _______________

11 예의 바른 _______________

12 두려워하는 _______________

13 고맙게 생각하는 _______________

14 표현하다 _______________

B 우리말과 같은 뜻이 되도록 빈칸에 알맞은 말을 보기에서 골라 쓰세요.

> 보기 ride   magic   polite   manners   express

01 You _______________ your feelings.

당신은 당신의 감정을 표현한다.

02 This word shows you are _______________.

이 말은 당신이 예의 바르다는 것을 보여 준다.

03 A lot of people _______________ the subway every day.

많은 사람들이 매일 지하철을 탄다.

04 There are some _______________ words to use.

사용할 몇몇 마법의 말이 있다.

05 We feel happy to see a person with good _______________.

우리는 예의를 갖춘 사람을 보면 행복하다.

A 예시와 같이 우리말 의미에 맞게 영어의 순서를 쓰세요. (본책 제시 기준)

01 Nicole은 편히 쉬기 위해 음악을 듣는다.

Nicole to music to relax listens
        2   3   4   1

02 당신이 다른 사람들을 존중한다는 것을 보여 주기 위해 이 말을 사용하라.

you respect this word to show use others.

03 버스는 도시를 돌아다니는 좋은 방법이다.

a city buses a good way to move around are

04 당신은 참석해야 할 중요한 무언가가 있다.

You have something attend important to

B 우리말 의미에 맞게 주어진 말을 활용하여 문장을 완성하세요.

01 마실 차가운 뭔가가 있나요? (drink, cold, anything)

Is there ___________________________?

02 우리는 시도해 볼 새로운 무언가를 찾고 있다. (try, new, something)

We are looking for ___________________________.

03 사람들은 이야기할 친구가 필요하다. (talk, need, to, to)

People ___________________________.

04 사람들은 타야 할 맞는 열차를 쉽고 빠르게 찾을 수 있다. (take, the, train, right, find)

People can easily and quickly ___________________________.

Step by Step
초등 영구문,
독해의 힘!
Workbook
LEVEL 2

"우리 아이 독해 학습, 잘하고 있나요?"

독해 교재 한 권을 다 풀고 다음 책을 학습하려 했더니
갑자기 확 어려워지는 독해 교재도 있어요.
차근차근 수준별 학습이 가능한 독해 교재 어디 없을까요?

* 실제 학부모님들의 고민 사례

저희 아이는 여러 독해 교재를 꾸준히 학습하고 있어요.
짧은 글이라 쓱 보고 답은 쉽게 찾더라구요.
그런데, 진짜 문해력이 키워지는지는 잘 모르겠어요.

국어 독해, 이제 특허받은 ERI로 해결하세요!

'ERI(EBS Reading Index)'는 EBS와 이화여대 산학협력단이 개발한 과학적 독해 지수로,
글의 난이도를 낱말, 문장, 배경지식 수준에 따라 산출하였습니다.

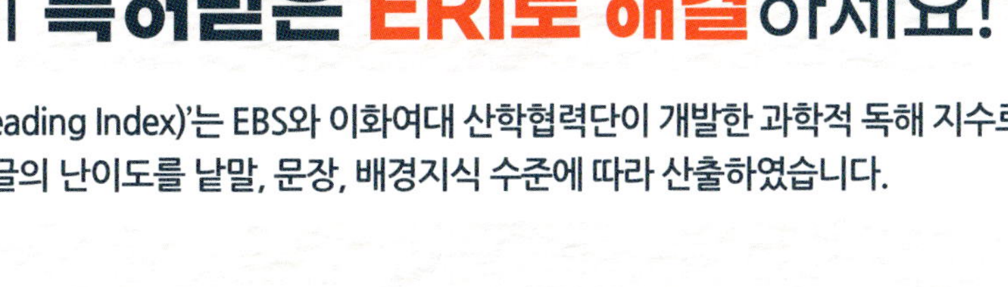

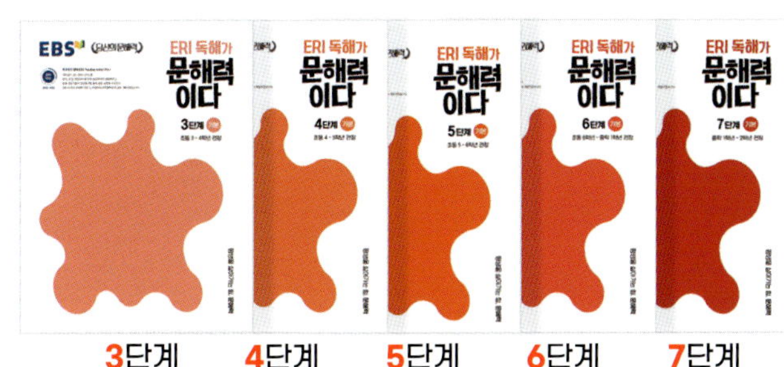

P단계 예비 초등~초등 1학년 권장	**3단계** 기본/심화 | 초등 3~4학년 권장	**6단계** 기본/심화 | 초등 6학년~ 중학 1학년 권장
1단계 기본/심화 | 초등 1~2학년 권장	**4단계** 기본/심화 | 초등 4~5학년 권장	**7단계** 기본/심화 | 중학 1~2학년 권장
2단계 기본/심화 | 초등 2~3학년 권장	**5단계** 기본/심화 | 초등 5~6학년 권장	

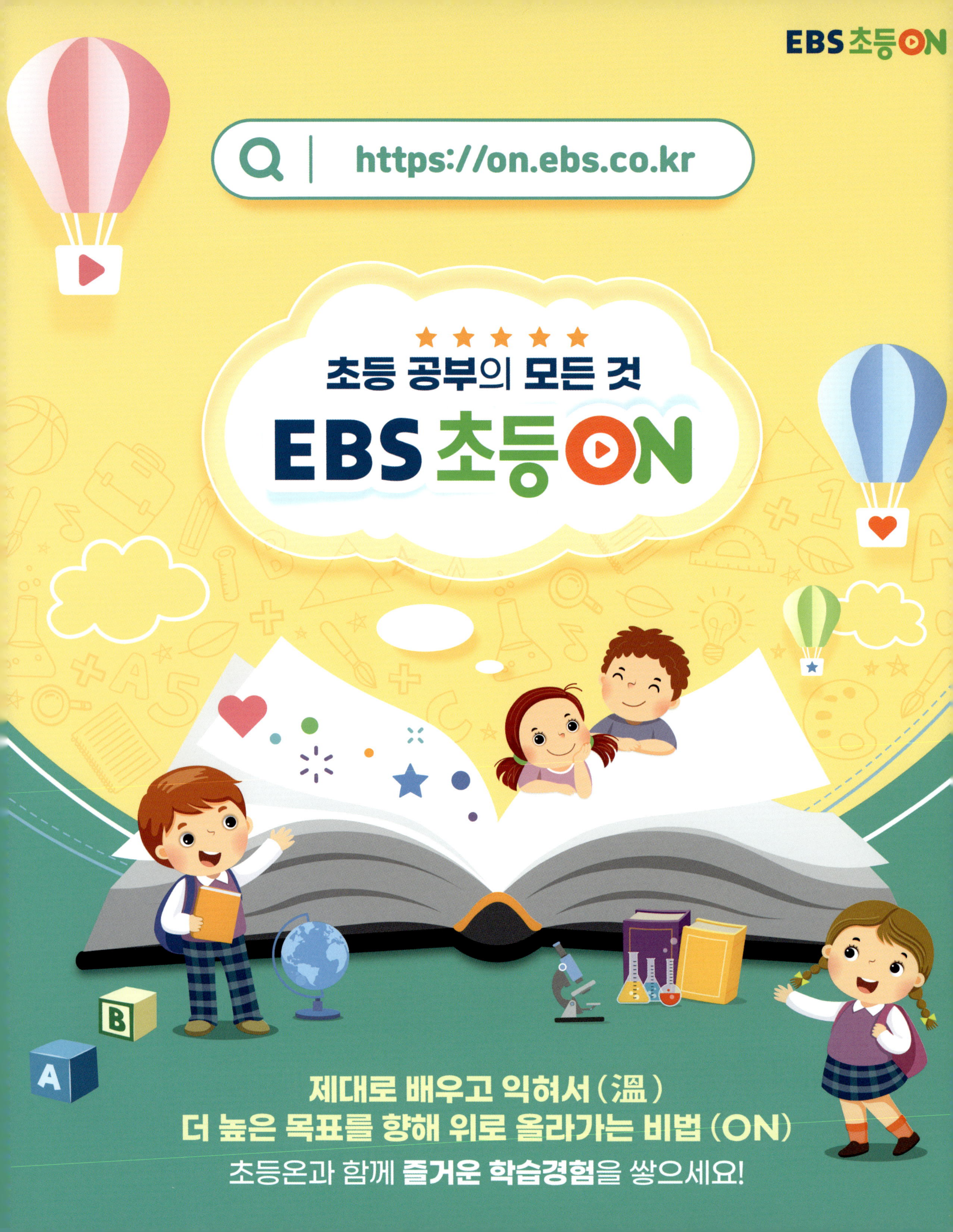

제대로 배우고 익혀서 (溫)
더 높은 목표를 향해 위로 올라가는 비법 (ON)
초등온과 함께 **즐거운 학습경험**을 쌓으세요!

초등ON 이란?

EBS가 직접 제작하고 분야별 전문 교육업체가 개발한
다양한 콘텐츠를 바탕으로,

초등 목표달성을 위한 <초등온>서비스를 제공합니다.

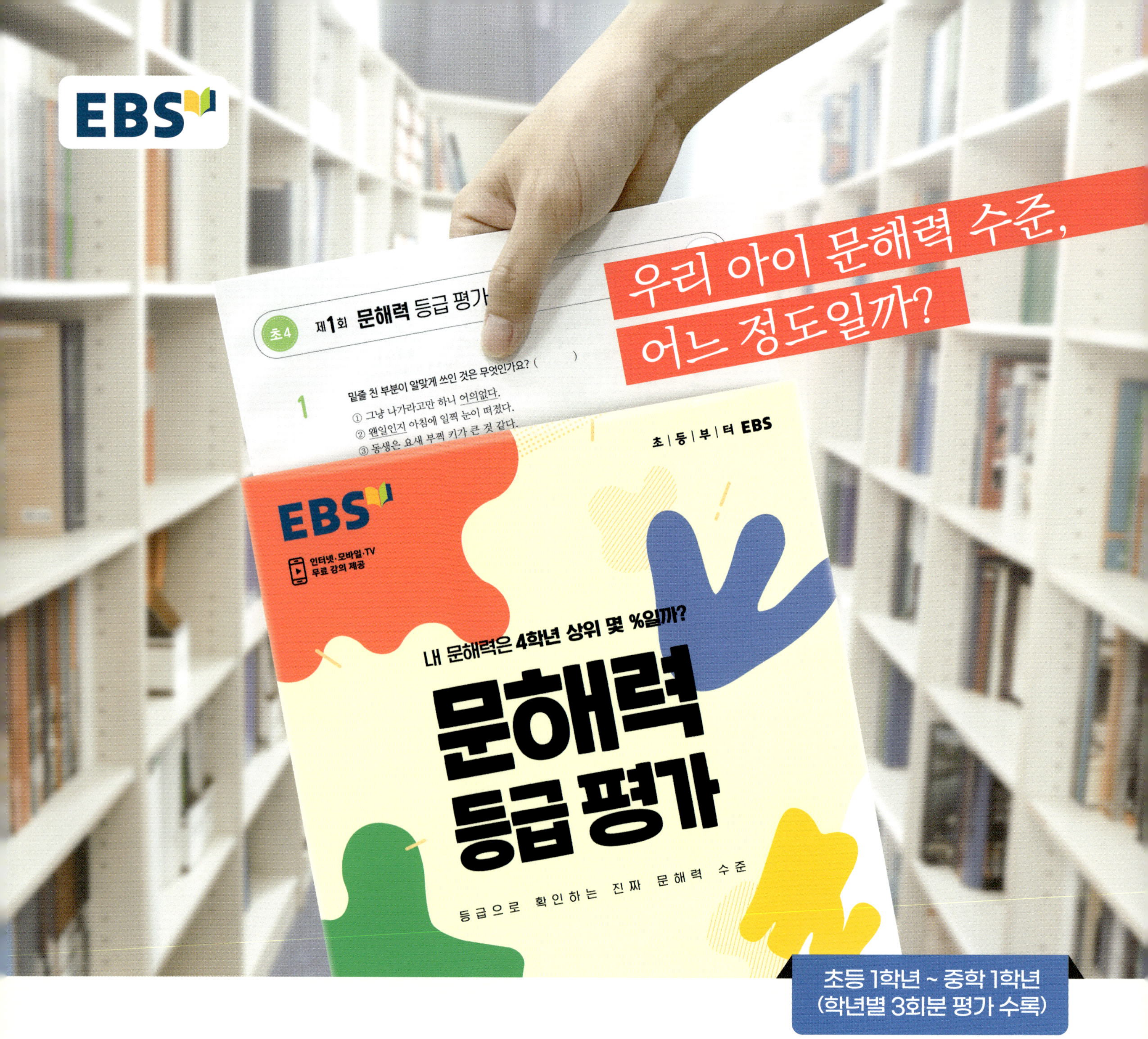

기초 문장 학습으로
구문과 독해를 한 번에!

Step by Step

초등 영구문,
독해의 힘!

LEVEL 2

정답과 해설

Step Up 1

1 ③   2 ③
3 ②

문제해설

1 화상 통화를 통해 시각 장애인과 자원봉사자를 연결해 주는 'Be My Eyes'라는 앱에 대해 소개하는 글이므로, 글의 주제로 가장 알맞은 것은 ③ '시각 장애인들을 위한 훌륭한 앱'이다.
① 다른 사람들을 돕기 위한 앱 제작
② 자원봉사 활동을 찾아 주는 앱

2 'Be My Eyes'는 화상 통화를 통해 시각 장애인과 자원봉사자를 연결하여 시각 장애인을 돕는 앱이다. 시각 장애인이 위험에 처하는지 관찰한다는 ③은 언급되지 않았다.

3 자원봉사자는 전화기의 카메라를 통해 볼 수 있으며, 시각 장애인들이 일상적인 일을 하도록 도움을 준다고 했으므로, 빈칸에 들어갈 말로 가장 알맞은 것은 ② '눈이 되어 준다'이다.
① 큰 소리로 말한다
③ 다른 사람들에게 전화를 건다

직독직해

"Be My Eyes" is a helpful app. It connects blind
'Be My Eyes'는 유용한 앱이다   그것은 시각 장애인들을 연결한다

people / with volunteers / through a video call. /
자원봉사자들과   화상 통화를 통해

Sometimes, / blind people need help. / ❶ They can
때때로   시각 장애인들은 도움이 필요하다   그들은

have a hard time / reading a label / or finding
어려움을 겪을 수 있다   라벨을 읽거나   뭔가를 찾는 데

something. / Then they use the app / to call a
그때 그들은 그 앱을 이용한다   전화하기 위해

volunteer.
자원봉사자에게

The volunteer can see / through the camera / on
자원봉사자는 볼 수 있다   카메라를 통해

the phone. / And the volunteer becomes the eyes /
전화기의   그리고 자원봉사자는 눈이 되어 준다

for the caller. / This helps the blind / with everyday
전화를 걸어 온 사람을 위해   이것은 시각 장애인들을 돕는다   일상적인

tasks. / ❷ It is a great way / to help others in need.
일을 하도록   그것은 훌륭한 방법이다   어려움에 처한 사람들을 돕는

문장분석

❶ have a hard time -ing는 '~하는 데 어려움을 겪다, 애를 먹다'라고 해석한다. reading a label과 finding something이 or로 연결되어 병렬 구조를 이루고 있다.
❷ to help others in need는 앞에 온 명사구 a great way를 수식하는 형용사적 용법으로 쓰인 to부정사구이다. 형용사적 용법으로 쓰인 to부정사구는 '~할, ~하는'으로 해석한다.

전문해석

'Be My Eyes'는 유용한 앱이다. 그것은 화상 통화를 통해 시각 장애인을 자원봉사자와 연결한다. 때때로 시각 장애인들은 도움이 필요하다. 그들은 라벨을 읽거나 뭔가를 찾는 데 어려움을 겪을 수 있다. 그때 그들은 자원봉사자에게 전화하기 위해 그 앱을 이용한다. 자원봉사자는 전화기의 카메라를 통해 볼 수 있다. 그리고 자원봉사자는 전화를 걸어 온 사람을 위해 <u>눈이 되어 준다</u>. 이것은 시각 장애인들의 일상적인 일들을 돕는다. 그것은 어려움에 처한 사람들을 돕는 훌륭한 방법이다.

Step Up 2

1 ③   2 ②
3 (A) **enough food**   (B) **something sweet**
4 ③

문제해설

1 대부분의 식물은 토양과 햇빛으로부터 양분을 얻지만, 척박한 토양에서 사는 파리지옥풀이 파리와 같은 작은 곤충에서 영양분을 얻는 방법에 대해 설명한 글이다. 따라서 글의 제목으로 가장 알맞은 것은 ③이다.

2 파리지옥풀은 잎에 달콤한 뭔가를 갖고 있으며, 곤충이 그 달콤한 액체를 마시기 위해 들어오면 잎을 꽉 닫고 그 곤충을 분해해서 양분을 얻는다고 했다. 따라서 파리지옥풀에 대한 설명으로 알맞지 않은 것은 ②이다.

3 (A) 형용사 enough가 명사를 수식할 때는 〈형용사 + 명사〉의 어순으로 쓰므로, enough food가 알맞다.
(B) 형용사가 -thing으로 끝나는 말을 수식할 때는 〈-thing + 형용사〉의 어순으로 쓰므로, something sweet이 알맞다.

4 파리지옥풀(Venus flytraps)은 파리(fly)와 같은 곤충이 자신의 잎에 있는 달콤한 액체를 마시기 위해 들어오면 잎, 즉 덫(trap)을 닫고 그 곤충을 분해하여 그것으로부터 영양분을 얻는다고 했다. 따라서 빈칸에 들어갈 말로 가장 알맞은 것은 ③ '왜 그들이 파리지옥풀이라고 불리는지'이다.
① 왜 그들이 식물이라고 불리지 않는지
② 왜 파리지옥풀에는 뿌리가 없는지

직독직해

Plants get their food / from the soil and sunlight. /
식물들은 그것들의 양분을 얻는다 토양과 햇빛으로부터

But some plants live / in poor soil. / They don't get
그러나 일부 식물들은 산다 메마른 토양에서 그것들은 얻지 못한다

enough food. / So / some plants, like Venus flytraps,
충분한 양분을 그래서 파리지옥풀과 같은 일부 식물들은

/ hunt insects! / Their leaves hold something sweet.
곤충을 사냥한다 그것들의 잎들은 달콤한 뭔가를 가지고 있다

/ It attracts small insects / like flies.
그것은 작은 곤충들을 끌어들인다 파리와 같은

❶ An insect comes in / to drink the sweet liquid. /
곤충은 들어온다 달콤한 액체를 마시기 위해

Then the trap closes tightly. / The plant breaks
그때 그 덫이 꽉 닫힌다 그 식물은 분해한다

down the insect. / It gets nutrients / from it. /
그 곤충을 그것은 영양분을 얻는다 그것으로부터

❷ Now you know / why they are called Venus
이제 당신은 알게 된다 왜 그것들이 파리지옥풀이라고 불리는지

flytraps.

문장분석

❶ to drink the sweet liquid는 '목적'의 의미를 나타내는 부사적 용법으로 쓰인 to부정사구이다. to부정사가 '목적'의 의미를 나타낼 때는 '~하기 위하여'라고 해석한다.
❷ why they are called Venus flytraps는 동사 know의 목적어 역할을 하는 간접의문문으로, 간접의문문은 〈의문사+주어+동사 ~〉의 순서로 쓴다.

전문해석

식물들은 토양과 햇빛으로부터 양분을 얻는다. 그러나 일부 식물들은 메마른 토양에서 산다. 그것들은 충분한 양분을 얻지 못한다. 그래서 파리지옥풀과 같은 일부 식물들은 곤충을 사냥한다! 그것들의 잎들은 달콤한 뭔가를 갖고 있다. 그것은 파리와 같은 작은 곤충들을 끌어들인다.
곤충은 달콤한 액체를 마시기 위해 들어온다. 그때 그 덫은 꽉 닫힌다. 그 식물은 그 곤충을 분해한다. 그것(식물)은 그것(곤충)으로부터 영양분을 얻는다. 이제 당신은 <u>왜 그것들이 파리지옥풀이라고 불리는지</u> 알게 된다.

Step Out

SENTENCES

1 They invited someone special to the event.
　　S　　V　　　　O　　　　　　　M

2 Something sweet attracts small insects like flies.
　　　　S　　　　　V　　　　　O

3 She saw a white cat with a red ribbon.
　　S　V　　　　　　O

4 He didn't like the color of the pants.
　S　　V　　　　　O

5 We discovered something tasty in the cafeteria.
　S　　V　　　　　O　　　　　M

WORDS

1 trap　　　　　　**2** soil
3 tasks　　　　　**4** through
5 volunteers

Step Up 1

> **1** ②　　　　**2** ③
> **3** ②

문제해설

1 물리학자인 William Higinbotham이 더 많은 사람들에게 과학이 더 재미있도록 최초의 비디오 게임인 'Tennis for Two'를 만들어 냈다는 내용의 글이다. 따라서 글의 제목으로 가장 알맞은 것은 ② '최초의 비디오 게임과 그것의 탄생'이다.
① 세상을 바꾼 게임
③ 비디오 게임을 아주 좋아한 한 과학자

2 William Higinbotham은 미국 Brookhaven 국립 연구소에서 근무한 물리학자로, 더 많은 사람들이 과학을 더 재미있어 하도록 그의 첫 번째이자 유일한 비디오 게임인 'Tennis for Two'를 만들어 냈다고 했다. 따라서 Higinbotham에 대한 설명으로 알맞지 않은 것은 ③이다.

3 'Tennis for Two'는 물리학자인 William Higinbotham이 만든 최초의 비디오 게임이다. 방문객들, 특히 학생들이 'Tennis for Two'를 하기 위해 줄을 섰다고 했으므로, 'Tennis for Two'에 대한 설명으로 알맞지 않은 것은 ②이다.

직독직해

Many people enjoy video games. / Usually, /
많은 사람들이 비디오 게임을 즐긴다　　　　보통

programmers make these games. / ❶ But the first
프로그래머들이 이러한 게임을 만든다　　　　그러나 최초의

video game, "Tennis for Two," / was different. / A
비디오 게임인 'Tennis for Two'는　　　　달랐다

physicist created it. / William Higinbotham worked /
한 물리학자가 그것을 만들어 냈다　　William Higinbotham은 근무했다

at Brookhaven National Laboratory / in the USA. /
Brookhaven 국립 연구소에서　　　　미국에 있는

❷ He asked himself, / "How can science be more
그는 그 자신에게 물었다　　　　"어떻게 하면 과학이

fun for more people?"
더 많은 사람들에게 더 재미있을 수 있을까?"라고

So / in 1958, / he created / his first and only game. /
그래서　1958년에　　그는 만들어 냈다　　첫 번째이자 유일한 게임을

He used it / to explain science. / The result was
그는 그것을 사용했다　과학을 설명하기 위해　　　그 결과는

great. / Visitors, especially students, / lined up / to
훌륭했다　　방문객들, 특히 학생들이　　　　줄을 섰다

play it. / It was not just for fun. / But it was the
그것을 하기 위해　그것은 단지 재미를 위한 것만은 아니었다　그러나 그것이

first video game.
최초의 비디오 게임이었다

문장분석

❶ the first video game과 "Tennis for Two"는 동격 관계로, 하나의 대상이므로 단수 동사인 was가 쓰였다. '최초의 비디오 게임인 'Tennis for Two'는'이라고 해석한다.
❷ 주어(He)와 목적어가 동일한 대상이므로 him이 아니라 재귀대명사 himself가 쓰였다. ask himself는 '그 자신에게 묻다, 자문하다'라고 해석한다.

전문해석

많은 사람들이 비디오 게임을 즐긴다. 보통 프로그래머들이 이러한 게임을 만든다. 그러나 최초의 비디오 게임인 'Tennis for Two'는 달랐다. 한 물리학자가 그것을 만들어 냈다. William Higinbotham은 미국 Brookhaven 국립 연구소에서 근무했다. 그는 "어떻게 하면 과학이 더 많은 사람들에게 더 재미있을 수 있을까?"라고 그 자신에게 물었다.
그래서 1958년에 그는 첫 번째이자 유일한 게임을 만들어 냈다. 그는 과학을 설명하기 위해 그것을 사용했다. 그 결과는 훌륭했다. 방문객들, 특히 학생들이 그것을 하기 위해 줄을 섰다. 그것은 단지 재미를 위한 것만은 아니었다. 그러나 그것이 최초의 비디오 게임이었다.

Step Up 2

> **1** ①
> **2** chemicals – warn
> **3** roots – share information
> **4** (B) them　(C) themselves

문제해설

1 식물들은 소리를 낼 수 없지만, 곤충의 공격을 받을 때 특수한 화학 물질을 사용해 다른 식물들에게 경고를 하거나, 뿌리를 통해 영양분에 대한 정보를 공유해 서로 성장하도록 도와준다는 내용의 글이다. 따라서 글의 주제로 가장 알맞은 것은 ① '식물들의 의

사소통'이다.

2 식물은 곤충의 공격을 받으면 특수한 화학 물질(chemicals)을 내보내 곤충의 공격에 대해 근처의 식물들에게 경고한다(warn)고 했다.

방법	화학 물질을 내보냄으로써 '말한다'
역할	곤충 공격에 대해 <u>경고함</u>

3 식물들은 뿌리(roots)를 통해 '말하기'도 하는데, 영양분에 대한 정보를 공유해서(share information) 서로 성장하도록 도와준다고 했다.

방법	식물들의 <u>뿌리</u>를 통해 '말한다'
역할	영양분에 대한 <u>정보를 공유함</u>

4 (B) and 앞에 언급된 chemicals를 가리키므로 them이 알맞다.
(C) prepare의 목적어로, 주어인 plants와 동일한 대상을 가리키므로 재귀대명사 themselves가 알맞다.

직독직해

Plants can't make sounds. / But they can "talk" / to
식물들은 소리를 낼 수 없다　　그러나 그들은 '말할' 수 있다

each other. / They use special chemicals.
서로에게　　　그들은 특수한 화학 물질을 사용한다

Sometimes, / insects attack a plant. / ❶ Then, / it
때때로　　　곤충들은 식물을 공격한다　　그러면

makes chemicals / and sends them out. / This is a
그것은 화학 물질을 만들어　　그것들을 내보낸다　　이것은

warning. / Nearby plants then prepare themselves. /
경고이다　　　그러면 근처의 식물들이 스스로를 대비시킨다

They make their leaves taste bad. / This way, / they
그들은 자기 잎들을 맛없게 만든다　　이렇게 하여　　그들은

can protect themselves / from insects.
스스로를 보호할 수 있다　　곤충으로부터

Some plants also "talk" / through their roots. / They
일부 식물은 또한 '말한다'　　그들의 뿌리를 통해　　그들은

can share information / about nutrients. / ❷ This
정보를 공유할 수 있다　　영양분에 대한　　이것은

helps them grow strong. / It is like a secret plant
그들이 강하게 자라도록 도와준다　　그것은 마치 비밀스러운 식물 언어와 같다

language.

문장분석

❶ it이 주어이고, 두 개의 동사구 makes chemicals와 sends them out이 and로 연결되어 it에 이어진다. send out과 같이 〈동사＋부사〉로 구성된 동사구의 경우, 목적어가 대명사일 때는 〈동사＋목적어＋부사〉의 형태가 되어야 하므로, sends them

out으로 썼다.
❷ 〈동사(help)＋목적어＋목적격보어〉의 구조로, '~가 …하도록 돕다'라고 해석한다. help는 목적격보어로 동사원형(grow)이나 to부정사(to grow)를 취할 수 있다.

전문해석

식물들은 소리를 낼 수 없다. 그러나 그들은 서로에게 '말할' 수 있다. 그들은 특수한 화학 물질을 사용한다. 때때로 곤충들은 식물을 공격한다. 그러면 그것(식물)은 화학 물질을 만들어 내보낸다. 이것은 경고이다. 그러면 근처의 식물들이 스스로를 대비시킨다. 그들은 자기 잎들을 맛없게 만든다. 이렇게 하여 그들은 곤충으로부터 스스로를 보호할 수 있다.

일부 식물들은 또한 뿌리를 통해 '말한다'. 그들은 영양분에 대한 정보를 공유할 수 있다. 이것은 그들이 강하게 자라도록 도와준다. 그것은 마치 비밀스러운 식물 언어와 같다.

Step Out

SENTENCES

1 They congratulated themselves on winning.
　　S　　V　　　　O　　　　　　M

2 He created his first and only game.
　　S　　V　　　　O

3 They make their leaves taste bad.
　　S　　V　　　O　　　OC

4 John asked himself the question.
　　S　　V　　O　　　O

5 She tells herself to take a deep breath.
　　S　　V　　O　　　OC

WORDS

1 result　　　　**2** lined up
3 attack　　　　**4** language
5 roots

Unit 03 동명사 목적어

Step Up 1

> **1** ②　　　**2** ①
> **3** ②

문제해설

1 다양한 문화권에서 온 많은 사람들이 함께 살면서, 다른 문화권의 음식을 서로 결합하여 퓨전 음식이 만들어지고 있다는 내용의 글이다. 따라서 필자가 주장하는 바로 가장 알맞은 것은 ②이다. ③ 퓨전 음식의 예로 스시 부리토, 라면 버거, 김치 타코 등을 언급하였으나, 퓨전 음식이 가장 인기 있는 음식이 되었다는 내용은 아니다.

2 다양한 문화권에서 온 많은 사람들이 함께 살며, 다른 문화권의 음식을 먹어 보는 것을 즐기고, 그 음식을 결합하기 시작하면서 퓨전 음식이 나타났다고 했다. 따라서 퓨전 음식이 나타난 원인으로 언급된 것은 ①이다.

3 스시 부리토, 라면 버거, 김치 타코 등은 서로 다른 문화권에서 온 음식을 결합하여 새로 만들어 낸 퓨전 음식의 예이다. 따라서 빈칸에 들어갈 말로 가장 알맞은 것은 ② '이런 방식으로 독특한 요리를 만들어 낸다'이다.
① 그들 자신의 요리법을 포기한다
③ 다른 나라에서 왔다

직독직해

Today, / many people from different cultures / live
오늘날에는　　　다른 문화권에서 온 많은 사람들이　　　산다

together. / There are many foreign restaurants /
함께　　　많은 외국 식당들이 있다

around us. / And people enjoy / trying foods / from
우리 주변에　　그리고 사람들은 즐긴다　음식을 먹어 보는 것을

other cultures. / This is not the end of the story. /
다른 문화권에서 온　　　이것이 이야기의 끝이 아니다

People began / combining foods / from different
사람들은 시작했다　음식을 결합하기　　다른 문화권에서 온

cultures. / ❶ It is called fusion food.
　　　그것은 퓨전 음식이라고 불린다

Many chefs create unique dishes / this way: / sushi
많은 요리사들이 독특한 요리를 만들어 낸다　이런 방식으로

burritos, ramen burgers, and kimchi tacos. / The list
스시 부리토, 라면 버거, 김치 타코　　　그 목록은

doesn't end here. ❷ It looks like / food will never
여기서 끝나지 않는다　　　～일 것 같다　　음식은 결코

stop changing.
변하는 것을 멈추지 않을

문장분석

❶ It은 앞 문장의 내용을 가리키며, It이 부르는(call) 주체가 아니라 불리는 대상이므로 수동태(be동사 + p.p.)가 쓰였다. be called는 '~라고 불리다'라고 해석한다.
❷ 〈It looks like + 주어 + 동사〉의 형태로, '~일 것 같다, ~처럼 보인다'라고 해석한다.

전문해석

오늘날에는 다른 문화권에서 온 많은 사람들이 함께 산다. 우리 주변에 많은 외국 식당들이 있다. 그리고 사람들은 다른 문화권에서 온 음식을 먹어 보는 것을 즐긴다. 이것이 이야기의 끝이 아니다. 사람들은 다른 문화권에서 온 음식을 결합하기 시작했다. 그것은 퓨전 음식이라고 불린다.
많은 요리사들이 이런 방식으로 독특한 요리를 만들어 낸다: 스시 부리토, 라면 버거, 김치 타코. 그 목록은 여기서 끝나지 않는다. 음식은 결코 변하는 것을 멈추지 않을 것 같다.

Step Up 2

> **1** ①　　　**2** ③
> **3** (1) track　(2) collect
> **4** avoid crashing into each other

문제해설

1 많은 나라들이 우주로 더 많은 인공위성을 보내고 있어 충돌 가능성이 높아지고 있으며, 실제로 2009년에 두 인공위성이 충돌해 많은 쓰레기가 생겼고, 이 쓰레기들이 우주를 더 위험하게 만들고 있다는 내용의 글이다. 따라서 필자가 주장하는 바로 가장 알맞은 것은 ① '우주가 위험한 곳이 되어 가고 있다.'이다.
② 우주 쓰레기가 지구로 떨어질 것이다.
③ 인공위성의 수가 줄어들 것이다.

2 많은 나라들이 우주로 인공위성을 보내고 있어 충돌 가능성이 높아지고 있으며, 실제로 2009년에 있었던 두 인공위성이 충돌해 인해 많은 쓰레기가 생겼다고 했다. 나라별로 인공위성의 발사

개수에 대한 제한을 두고 있다는 ③은 언급되지 않았다.

3 우주에서의 충돌을 막고 우주를 안전하게 지키기 위해 과학자들은 쓰레기를 추적하기(track) 시작했고, 우주를 청소할 것을 권장하며, 특수 로봇이 쓰레기를 수거할(collect) 수 있다고 했다.

> 인공위성이 충돌을 피하는 데 도움이 되도록, 우리는 쓰레기를 추적하고 수거할 수 있다.

4 '피하다'라는 의미의 동사 avoid는 동명사를 목적어로 취하는 동사이다. 따라서 〈avoid + 동사-ing〉로 표현해야 하므로, crash를 crashing으로 바꿔 쓴다. '~와 충돌하다'는 crash into, '서로'는 each other로 쓴다.

직독직해

Many countries are sending more satellites / to
많은 나라들이 더 많은 인공위성들을 보내고 있다

space. / And the chances of a crash / are going up. /
우주로   그리고 충돌 가능성들이   높아지고 있다

Actually, / in 2009, / two satellites couldn't avoid /
실제로   2009년에   두 인공위성이 피할 수 없었다

crashing into each other. / And it created / lots of
서로 충돌하는 것을   그리고 그것은 만들어 냈다   많은

space junk. / ❶ This junk is making / space / a lot
우주 쓰레기를   이 쓰레기는 만들고 있다   우주를   훨씬

more dangerous. / No one enjoys / watching these
더 위험하게   아무도 즐기지는 않는다   이런 충돌을 보는 것을

crashes / in space. / We should keep space safe.
        우주에서   우리는 우주를 안전하게 지켜야 한다

So / scientists started / tracking the junk. / It helps /
그래서   과학자들은 시작했다   그 쓰레기를 추적하기   그것은 도와준다

satellites avoid danger. / But this is not enough. /
인공위성이 위험을 피하도록   그러나 이것은 충분하지 않다

Many scientists recommend / cleaning up space. /
많은 과학자들은 권장한다   우주를 청소할 것을

❷ They say / special robots can collect the junk.
그들은 말한다   특수 로봇이 쓰레기를 수거할 수 있다고

문장분석
❶ 〈make + 목적어 + 목적격보어(형용사)〉의 구조로, '~을 …하게 만들다'라고 해석한다. 여기서 a lot은 뒤에 온 비교급(more dangerous)을 수식하는 표현으로, '훨씬'이라고 해석한다.
❷ 〈주어 + 동사 + 목적어(that절)〉의 구조로, say 뒤에 명사절을 이끄는 접속사 that이 생략되어 있다.

전문해석
많은 나라들이 우주로 더 많은 인공위성을 보내고 있다. 그리고 충돌 가능성이 높아지고 있다. 실제로 2009년에 두 인공위성이 서로 충돌하는 것을 피할 수 없었다. 그리고 그것은 많은 우주 쓰레기를 만들어 냈다. 이 쓰레기는 우주를 훨씬 더 위험하게 만들

고 있다. 아무도 우주에서 이런 충돌을 보는 것을 즐기지는 않는다. 우리는 우주를 안전하게 지켜야 한다.
그래서 과학자들은 그 쓰레기를 추적하기 시작했다. 그것은 인공위성이 위험을 피하도록 도와준다. 그러나 이것은 충분하지 않다. 많은 과학자들은 우주를 청소할 것을 권장한다. 그들은 특수 로봇이 쓰레기를 수거할 수 있다고 말한다.

Step Out

SENTENCES

1 We enjoy eating ice cream.
   S   V   O

2 They finished cleaning the house.
   S   V   O

3 People began combining foods from different cultures.
   S   V   O

4 No one enjoys watching these crashes in space.
   S   V   O

5 Two satellites couldn't avoid crashing into each other.
   S   V   O

WORDS

1 chances   2 collect
3 foreign   4 recommend
5 satellites

Step Up 1

1 ③ 2 ①
3 open palm – closed fist

문제해설

1 멈추라는 신호를 보낼 때 열린 손바닥을 보여 주는 것이 일반적이지만, 그리스에서는 그것이 무례하게 여겨질 수 있다는 내용이다. 오히려 닫힌 주먹으로 멈추라는 표시를 할 수 있다는 내용이므로, 글의 주제로 가장 알맞은 것은 ③이다.

2 빈칸 앞의 내용은 멈추라는 신호로 열린 손바닥을 보여 주는 것이 많은 문화들에서 흔하다는 것이고, 빈칸 뒤의 내용은 그리스 사람들에게는 그것이 매우 무례한 것이라고 했으므로, 빈칸에 들어갈 말로 가장 알맞은 것은 ① '이 손동작을 조심해라'이다.
② 그 손동작은 잘 작용하지 않을 것이다
③ 이 동작은 비슷한 의미를 가지고 있다

3 멈추라는 신호로 열린 손바닥을 보여 주는 것이 그리스에서는 매우 무례한 것이므로, 닫힌 주먹을 사용해서 멈추거나 기다리라는 신호를 보내야 한다고 하였다.

> 그리스에서는, <u>열린 손바닥</u>을 보여 주는 것이 무례한 일이다. 대신, 당신은 '멈춰'라는 신호를 보내기 위해 당신의 <u>닫힌 주먹</u>을 보여 줘야 한다.

직독직해

Sometimes, / we need to use hand gestures. / When
때때로   우리는 손동작을 사용할 필요가 있다

we want to signal "stop," / we show an open palm. /
우리가 '멈춰'라는 신호를 보내기를 원할 때   우리는 열린 손바닥을 보여 준다

And it is common / in many cultures. / But in
그리고 그것은 흔하다   많은 문화들에서   그러나

Greece, / be careful / with this hand gesture. / ❶ For
그리스에서는   조심해라   이 손동작을

Greeks, / showing an open palm / is very rude.
그리스인들에게 열린 손바닥을 보여 주는 것은   매우 무례하다

They understand / that foreigners might not know
그들은 이해한다   외국인들이 알지 못할 수도 있다는 것을

their culture. / ❷ But it is still best / not to use it. /
그들의 문화를   하지만 여전히 최선이다   그것을 사용하지 않는 것이

Remember / to use a closed fist / in Greece. / It is
기억해라   닫힌 주먹을 사용할 것을   그리스에서는   그것은

the signal / for "stop" or "wait."
신호이다   '멈춰' 또는 '기다려'라는

문장분석

❶ 동명사구 showing an open palm이 주어이고, 동사는 is, 보어로 very rude가 쓰인 문장이다.
❷ 앞에 있는 it은 가주어이고, 진주어는 not to use it이다. to부정사의 부정은 to 앞에 not을 붙여 표현할 수 있다. '그것을 사용하지 않는 것'이 진주어이다. not to use it의 it은 showing an open palm을 가리킨다고 볼 수 있다.

전문해석

때때로, 우리는 손동작을 사용할 필요가 있다. 우리가 '멈춰'라는 신호를 보내기를 원할 때, 우리는 열린 손바닥을 보여 준다. 그리고 그것은 많은 문화들에서 흔하다. 그러나 그리스에서는, <u>이 손동작을 조심해라</u>. 그리스인들에게, 열린 손바닥을 보여 주는 것은 매우 무례한 일이다.

그들은 외국인들이 그들의 문화를 알지 못할 수도 있다는 것을 이해한다. 하지만 여전히 그것을 사용하지 않는 것이 최선이다. 그리스에서는 닫힌 주먹을 사용할 것을 기억해라. 그것은 '멈춰' 또는 '기다려'라는 신호이다.

Step Up 2

1 ① 2 ③
3 (A) to make (B) posting
4 ③

문제해설

1 한 여자가 소셜 미디어에서 자신의 작은 머리핀을 귀걸이로 교환한 것을 시작으로, 계속해서 더 비싼 물건으로 거래했는데 마지막에는 트레일러와 작은 집을 거래했다는 내용의 글이다. 따라서 글의 제목으로 가장 알맞은 것은 ① '머리핀에서 (시작해서) 집까지 더 비싼 것으로 거래하기'이다.
② 집을 교환하는 놀라운 방법
③ 사물의 가치에 대한 다른 생각들

2 여자는 머리핀과 귀걸이를 교환하는 것으로 시작해서, 점점 더 비싼 물건들로 거래했다. 마지막 거래는 트레일러로 작은 집을 얻은 것이므로, '거래를 통해 많은 돈을 벌어 새집을 샀다.'는 ③은 글의 설명으로 알맞지 않다.

3 (A) decide는 to부정사를 목적어로 취하는 동사이므로 to make가 알맞다.

(B) try는 to부정사와 동명사를 둘 다 목적어로 취하는 동사이다. 〈try + to부정사〉는 '~하려고 노력하다'라는 의미이고, 〈try + 동명사〉는 '(한번) 시도해 보다'라는 의미이다. 여기서는 소셜 미디어에 '한번 게시해 보았다'는 의미이므로 동명사인 posting이 알맞다.

4 여자는 작은 머리핀으로 시작해서, 노트북 컴퓨터, 자동차, 심지어 트레일러까지 계속해서 거래했다고 했으므로, 빈칸에 들어갈 말로 가장 알맞은 것은 ③ '더 비싼 물건으로'이다.
① 그녀가 그것에 싫증이 날 때까지
② 충분한 돈을 벌기 위해

직독직해

A woman decided / to make a trade. / She took a
한 여자가 결정했다   거래를 하기로   그녀는 사진을 찍었다

picture / of her small hairpin. / And she tried /
그녀의 작은 머리핀의   그리고 그녀는 한번 ~해 보았다

posting it on social media. / ❶ She hoped / to find
그것을 소셜 미디어에 게시해   그녀는 바랐다   찾기를

someone / to trade with. / ❷ Surprisingly, / she
누군가를   거래할   놀랍게도   그녀는

exchanged the hairpin / for earrings. / Soon after, /
머리핀을 교환했다   귀걸이와   곧 얼마 안 되어

she traded the earrings / for glass cups.
그녀는 귀걸이를 거래했다   유리컵과

She continued / trading for more expensive items. /
그녀는 계속해서   더 비싼 물건으로 거래했다

She got a laptop, an automobile, / and even a
그녀는 노트북 컴퓨터, 자동차를 얻었다   그리고 심지어

trailer. / With this trailer, / she made her final trade.
트레일러까지   이 트레일러로   그녀는 그녀의 마지막 거래를 했다

/ And she got a small house / in return.
그리고 그녀는 작은 집을 얻었다   대가로

문장분석

❶ to find someone to trade with는 동사 hoped의 목적어 역할을 하는 명사적 용법으로 쓰인 to부정사구이고, 여기서 to trade with는 앞에 온 명사 someone을 수식하는 형용사적 용법으로 쓰인 to부정사구이다. 〈명사 + to부정사〉는 '~할 (명사)'이라고 해석한다.

❷ exchange A for B는 'A를 B와 교환하다'라고 해석한다.

전문해석

한 여자가 거래를 하기로 결정했다. 그녀는 그녀의 작은 머리핀의 사진을 찍었다. 그리고 그녀는 그것을 소셜 미디어에 한번 게시해 보았다. 그녀는 거래할 누군가를 찾기를 바랐다. 놀랍게도 그녀는 머리핀을 귀걸이와 교환했다. 곧 얼마 안 되어 그녀는 귀걸이를 유리컵과 거래했다.

그녀는 계속해서 더 비싼 물건으로 거래했다. 그녀는 노트북 컴퓨터, 자동차, 그리고 심지어 트레일러까지 얻었다. 이 트레일러로 그녀는 그녀의 마지막 거래를 했다. 그리고 그녀는 대가로 작은 집을 얻었다.

Step Out

SENTENCES

1 <u>Emily</u> <u>forgot</u> <u>to turn off the lights.</u>
　　S　　V　　　　　O

2 <u>He</u> <u>hopes</u> <u>to win the invention competition.</u>
　　S　　V　　　　　O

3 <u>She</u> <u>decided</u> <u>to help the poor children.</u>
　　S　　V　　　　O

4 <u>They</u> <u>are planning</u> <u>to visit Jeju Island this summer.</u>
　　S　　　V　　　　　　O

5 <u>A woman</u> <u>decided</u> <u>to make a trade.</u>
　　　S　　　V　　　　O

WORDS

1 signal　　　　　　**2** in return
3 Foreigners　　　 **4** fist
5 laptop

명사절 목적어

Step Up 1

1 ②　　　　2 ③
3 ①

문제해설

1 우화는 동물 등장인물이 나오는 이야기로, 가장 유명한 우화 작가는 이솝인데, 사람들은 여전히 2,600년 이상이 된 이솝의 우화를 아주 좋아한다는 내용의 글이다. 따라서 글의 주제로 가장 알맞은 것은 ②이다.

2 우화는 동물 등장인물이 나오는 이야기로, 우리에게 선이 악을 이긴다는 도덕적인 교훈을 가르쳐 준다고 했다. 우화가 어디에서 시작되었는지에 대한 언급은 없으므로 ③이 정답이다.

3 바로 앞 문장에서 그가 기원전 600년경 고대 그리스에 살았다 (he lived in ancient Greece around 600 BC)고 했으므로, 빈칸에 들어갈 말로 가장 알맞은 것은 ① '2,600년 이상이 된다' 이다.
② 그 당시에는 아주 유명하지 않았다
③ 고대 그리스 사람들에 관한 것이다

직독직해

We know / what fables are. / We read them / in our
우리는 알고 있다　　우화가 무엇인지　　우리는 그것들을 읽는다

childhood. / Usually, / they are stories / with animal
어린 시절에　　　보통　　　그것들은 이야기이다

characters in them. / ❶ And they teach us a moral
동물 등장인물이 나오는　　그리고 그것들은 우리에게 도덕적인 교훈을 가르쳐 준다

lesson. / So / we learn / that good wins over bad.
　　　그래서 우리는 배운다　　선이 악을 이긴다는 것을

Perhaps / the most famous fable writer is Aesop. /
아마도　　　가장 유명한 우화 작가는 이솝이다

He wrote stories / like "The Tortoise and the Hare."
그는 이야기를 썼다　　　'토끼와 거북이'와 같은

/ Can you believe / he lived in ancient Greece /
당신은 믿을 수 있는가　　그가 고대 그리스에 살았다는 것을

around 600 BC? / ❷ This means / Aesop's fables are
기원전 600년경　　　이는 의미한다　　이솝의 우화가

more than 2,600 years old. / And people today still
2,600년 이상이 된다는 것을　　그리고 사람들은 오늘날에도 여전히

love them.
그것들을 아주 좋아한다

문장분석

❶ 〈주어 + 동사(teach) + 간접목적어 + 직접목적어〉의 구조로, 〈주어 + 동사 + 직접목적어 + 전치사(to) + 간접목적어〉의 형태로 바꿔 쓸 수 있으며, '〜에게 …을 가르치다'라고 해석한다. 여기서는 us가 간접목적어이고, a moral lesson이 직접목적어이다.
❷ 〈주어 + 동사 + 목적어(that절)〉의 구조로, 목적어 역할을 하는 명사절에서 접속사 that은 생략될 수 있다. 여기서도 means 뒤에 that이 생략되어 있다고 볼 수 있다.

전문해석

우리는 우화가 무엇인지 알고 있다. 우리는 어린 시절에 그것들을 읽는다. 보통 그것들은 동물 등장인물이 나오는 이야기이다. 그리고 그것들은 우리에게 도덕적인 교훈을 가르쳐 준다. 그래서 우리는 선이 악을 이긴다는 것을 배운다.
아마도 가장 유명한 우화 작가는 이솝일 것이다. 그는 '토끼와 거북이'와 같은 이야기를 썼다. 당신은 그가 기원전 600년경 고대 그리스에 살았다는 것을 믿을 수 있는가? 이는 이솝의 우화가 <u>2,600년 이상이 된다는 것</u>을 의미한다. 그리고 사람들은 오늘날에도 여전히 그것들을 아주 좋아한다.

Step Up 2

1 ②
2 sites – source – fact-checking
3 ③
4 we don't believe (that) everything is true

문제해설

1 우리는 온라인에서 많은 정보를 얻지만, 온라인에는 가짜 정보도 있으니 여러 사이트를 찾아 확인해 보거나 출처가 어디인지를 찾아보는 등 사실 확인을 해야 한다는 내용의 글이다. 따라서 필자의 주장으로 가장 알맞은 것은 ②이다.

2 온라인 정보의 사실을 확인하는 방법으로는 몇몇 사이트에서 확인해 보기(check it on several sites), 그 정보의 출처가 무엇인지 확인해 보기(find out what the source of the information is), 일부 사실 확인 웹사이트들이 도움이 될 수 있음(some fact-checking websites can be helpful), 이 세 가지가 언급되어 있다.

확인 방법 1	확인 방법 2	확인 방법 3
다른 <u>사이트들</u>을 보라.	<u>출처</u>를 확인하라.	<u>사실 확인 사이트</u>를 방문하라.

3 사실 확인을 하는 것은 시간이 걸리지만 그것은 중요하다 (Fact-checking takes time, but it is important.)고 했으므로, 사실 확인에 대한 내용으로 언급된 것은 ③이다.

4 〈주어(we) + 동사(believe) + 목적어(that절)〉의 형태로 쓴다. '믿지 않는다'고 했으므로 주어 we 뒤에 부정형인 don't believe를 쓰고, believe 뒤에 that절을 쓴다. that절은 〈that + 주어(everything) + 동사(is) + 보어(true)〉의 형태이며, 이때 that은 생략 가능하다.

직독직해

We often read, watch, and chat online. / There, / we
우리는 종종 온라인에서 읽고, 시청하고, 대화한다 거기서

get a lot of information. / But we don't believe /
우리는 많은 정보를 얻는다 하지만 우리는 믿지 않는다

(that) everything is true. / We know / there is fake
모든 것이 사실이라고 우리는 알고 있다 가짜 정보가 있다는 것을

information / online. / So / we check it / on several
온라인에 그래서 우리는 그것을 확인한다 몇몇

sites. / ❶ Or, / we find out / what the source of the
사이트에서 또는 우리는 찾아본다 그 정보의 출처가 무엇인지

information is.

This is called fact-checking. / Fact-checking takes
이것은 사실 확인(fact-checking)이라고 불린다 사실 확인은 시간이 걸린다

time, / but it is important. / ❷ You may not know /
하지만 그것은 중요하다 당신은 모를 수도 있다

where to look or ask. / In that case, / some fact-
어디를 찾아봐야 할지 혹은 (어디에) 물어봐야 할지 그런 경우에는

checking websites can be helpful.
일부 사실 확인 웹사이트들이 도움이 될 수 있다

문장분석

❶ what the source of the information is는 동사 find out의 목적어 역할을 하는 간접의문문으로, '그 정보의 출처가 무엇인지'라고 해석한다. 간접의문문은 〈의문사 + 주어 + 동사〉의 어순으로 쓴다.

❷ where to look or ask는 〈의문사 + to부정사〉의 형태로, '어디에서 ~해야 할지'라고 해석한다. 참고로, where to look or ask는 where you should look or ask로 바꿔 쓸 수 있다.

전문해석

우리는 종종 온라인에서 읽고, 시청하고, 대화한다. 거기서 우리는 많은 정보를 얻는다. 하지만 우리는 모든 것이 사실이라고 믿지 않는다. 우리는 온라인에 가짜 정보가 있다는 것을 알고 있다. 그래서 우리는 몇몇 사이트에서 그것을(정보를) 확인한다. 또는 우리는 그 정보의 출처가 무엇인지 찾아본다.

이것은 사실 확인(fact-checking)이라고 불린다. 사실 확인은 시간이 걸리지만, 그것은 중요하다. 당신은 어디를 찾아봐야 할지 혹은 (어디에) 물어봐야 할지 모를 수도 있다. 그런 경우에는 일부 사실 확인 웹사이트들이 도움이 될 수 있다.

Step Out

SENTENCES

1 <u>She</u> <u>wondered</u> <u>why they came</u>.
   S   V   O

2 <u>He</u> <u>didn't know</u> <u>what to say</u>.
   S   V   O

3 <u>Can</u> <u>you</u> <u>believe</u> <u>he lived in ancient Greece</u>?
   V   S   V   O

4 <u>You</u> <u>may not know</u> <u>where to look or ask</u>.
   S   V   O

5 <u>She</u> <u>thinks</u> <u>the job is too difficult</u>.
   S   V   O

WORDS

1 fables   **2** childhood

3 source   **4** good

5 fake

Step Up 1

> **1** ③
>
> **2** (1) 절대 고갈되지 않는다[없어지지 않는다]
>   (2) 오염을 일으키지 않는다
>
> **3** ②

문제해설

1 지구가 병들어 가고 있어서 우리는 지구를 구하기 위해 애써야 하는데, 우리가 실천할 수 있는 행동 중 하나가 재생 가능한 에너지를 사용하는 것이라고 하면서, 재생 가능 에너지원의 장점에 대해 설명하고 있는 글이다. 따라서 글의 제목으로 가장 알맞은 것은 ③ '우리가 재생 가능한 에너지를 필요로 하는 이유'이다.
① 어떤 에너지원들이 있는가?
② 우리가 재생 가능한 에너지를 얻는 방법

2 두 번째 단락에 재생 가능 에너지원의 장점이 언급되어 있다. 재생 가능한 에너지원은 절대 고갈되지 않으며(They never run out.), 오염을 일으키지 않는다(they don't cause pollution)고 했다.

3 재생 가능한 에너지원은 절대 고갈되지 않는다고 했고, 뒤에 온 문장에서는 한 시간 동안 지구를 비추는 햇빛이 일 년 동안 전 세계에 전력을 공급할 수 있다고 했으므로, 빈칸에 들어갈 말로 가장 알맞은 것은 ② '(남을 만큼) 충분히 있다'이다.
① 시간이 많이 걸리지 않는다
③ 그것을 구입하기에 비싸지 않다

직독직해

Some people say / the Earth gives us life. / They are
어떤 사람은 말한다　지구가 우리에게 생명을 준다고　그들은

telling us / that we can't live / without our planet. /
우리에게 말하고 있다　우리가 살 수 없다고　우리 행성 없이는

But our home is getting sick. / ❶ So / the world is
하지만 우리의 집은 병들어 가고 있다　그래서　세계는

now trying hard / to save it. / ❷ One of the actions
이제 열심히 애쓰고 있다　그것을 구하기 위해　그 조치들 중 하나는

/ is using renewable energy.
재생 가능한 에너지를 사용하는 것이다

Renewable energy sources include solar and wind
재생 가능한 에너지원은 태양광과 풍력을 포함한다

power. / They never run out. / More importantly, /
그것들은 절대 고갈되지 않는다　더 중요한 것은

they don't cause pollution. / And surprisingly, /
그것들은 오염을 일으키지 않는다　그리고 놀랍게도

there is more than enough. / The sunlight on the
충분한 것보다 더 많다　햇빛은

Earth for one hour / can power the whole world /
한 시간 동안 지구를 비추는　전 세계에 동력을 공급할 수 있다

for a year.
일 년 동안

문장분석

❶ to save it은 목적의 의미를 나타내는 부사적 용법으로 쓰인 to부정사구이며, '~하기 위하여'라고 해석한다. it은 our planet, 즉 '지구'를 가리킨다.

❷ 〈one of + 복수 명사〉의 구조로, '~들 중 하나'라고 해석한다. 〈one of + 복수 명사〉가 주어로 쓰이는 경우 핵심어가 one이므로 단수 취급하여 단수 동사(is)가 온다.

전문해석

어떤 사람들은 지구가 우리에게 생명을 준다고 말한다. 그들은 우리가 우리 행성(지구) 없이는 살 수 없다고 우리에게 말하고 있다. 하지만 우리의 집은 병들어 가고 있다. 그래서 세계는 이제 그것을 구하기 위해 열심히 애쓰고 있다. 그 조치들 중 하나는 재생 가능한 에너지를 사용하는 것이다.
재생 가능한 에너지원은 태양광과 풍력을 포함한다. 그것들은 절대 고갈되지 않는다. 더 중요한 것은 그것들은 오염을 일으키지 않는다. 그리고 놀랍게도, 충분한 것보다 더 많다. 한 시간 동안 지구를 비추는 햇빛은 일 년 동안 전 세계에 동력을 공급할 수 있다.

Step Up 2

> **1** ②　　　　　　**2** ③
>
> **3** ③
>
> **4** It usually gives us a strong message.

문제해설

1 만약 밤사이에 건물의 벽에 그림이 그려져 있다면 사람들은 Banksy가 그린 그림인지를 궁금해할 것이며, 건물의 주인도 불평하거나 그 그림을 지우지 않을 것인데 그 이유는 Banksy가 유

명한 화가이기 때문이라고 했다. Banksy가 유명한 이유와 사람들이 그의 예술에 감탄하는 이유에 대해 설명한 글이다. 따라서 글의 주제로 가장 알맞은 것은 ②이다.

2 Banksy가 유명한 화가이기 때문에 건물의 주인은 그 그림을 지우지 않을 것이라고 했으므로, Banksy의 그림이 금세 사라져 버린다는 ③은 Banksy에 대한 설명으로 알맞지 않다.

3 Banksy의 작품은 재미있고 의미도 있으며, 우리에게 강한 메시지를 주며, 종종 전쟁과 같은 주제를 다룬다고 했다. Banksy의 작품에 대한 설명으로 언급되지 않은 것은 ③이다.

4 4형식 문장은 〈주어 + 동사 + 간접목적어 + 직접목적어〉의 형태로 쓴다. 간접목적어는 us, 직접목적어는 a strong message이다.

직독직해

Overnight, / a painting appears / on a wall of a
밤사이에　　　그림이 나타난다　　　건물의 벽에

building. / Then, / people ask each other this
　　　그러면　　　사람들은 서로에게 이 질문을 묻는다

question. / "Did Banksy paint it?" / The owner of
　　　　"Banksy가 그것을 그렸나?"　　그 건물의 주인은

the building / does not complain or erase it. / This is
　　　　불평하거나 그것을 지우지 않는다　　　이는

because Banksy is a famous artist. / But he is
Banksy가 유명한 화가이기 때문이다　　　그러나 그는

mysterious. / No one knows / who he really is.
신비하다　　아무도 모른다　　그가 정말 누구인지

❶ Banksy's work is both fun and meaningful. / It
Banksy의 작품은 재미있으면서도 의미가 있다　　　그것은

usually gives a strong message / to us. / He often
보통 강한 메시지를 준다　　　우리에게　　그는 종종

draws images / about topics like war. / He is telling
이미지를 그린다　　전쟁과 같은 주제에 관한　　그는 말하고 있다

us / that we should think about them. / ❷ People all
우리에게　우리가 그것들에 관해 생각해야 한다고

over the world / admire his clever art.
전 세계 사람들은　　그의 기발한 예술에 감탄한다

문장분석

❶ both A and B는 'A도 B도, A와 B 둘 다'라고 해석한다. 이때 A와 B에는 동등한 형태가 오는데, 여기서는 형용사 fun과 형용사 meaningful이 왔다.
❷ People all over the world가 주어인데, 주어의 핵심어가 People(복수)이므로 복수 동사 admire가 왔다.

전문해석

밤사이에, 그림이 건물의 벽에 나타난다. 그러면 사람들은 서로에게 이 질문을 한다. "Banksy가 그것을 그렸나?" 그 건물의 주인

은 불평하거나 그것을 지우지 않는다. 이는 Banksy가 유명한 화가이기 때문이다. 그러나 그는 신비하다. 아무도 그가 정말 누구인지 모른다.
Banksy의 작품은 재미있으면서도 의미가 있다. 그것은 보통 우리에게 강한 메시지를 준다. 그는 종종 전쟁과 같은 주제에 관한 이미지를 그린다. 그는 우리가 그 주제들에 관해 생각해야 한다고 말하고 있다. 전 세계 사람들은 그의 기발한 예술에 감탄한다.

Step Out

SENTENCES

1 She showed them what she bought.
　　S　　V　　O　　　　O

2 It gives a strong message to us.
　　S　V　　　O　　　　M

3 They told everyone the good news.
　　　S　　V　　O　　　　O

4 The chef cooked seafood for the guests.
　　　S　　V　　O　　　　M

5 He is telling us that we should think about them.
　　S　　V　　O　　　　O

WORDS

1 appears　　**2** cause
3 complain　　**4** include
5 clever

Step Up 1

> **1** (1) 인간이 우주에서 살 수 있는지를 알아보기 위해
> (2) 그것(우주에 사는 것)이 우리에게 어떤 영향을 미치는지를 알아보기 위해
>
> **2** ③   **3** ②

문제해설

1 '인간이 우주에서 살 수 있을까?(Can humans live in space?)'와 '그것은 우리에게 어떤 영향을 미칠까?(How would it affect us?)'라는 두 가지 질문에 대한 답을 찾기 위해 과학자들은 국제 우주 정거장(ISS)을 건설했다.

2 국제 우주 정거장은 우주 비행사들을 위한 집으로, 6개월마다 새로운 승무원이 오고 이전 승무원들은 지구로 돌아간다고 했다. 따라서 6개월마다 새로운 승무원들이 늘어난다는 ③은 국제 우주 정거장과 우주 비행사들에 대한 설명으로 알맞지 않다.

3 6개월간 국제 우주 정거장에 머물던 승무원들이 지구에 돌아왔을 때 과학자들이 할 수 있는 것으로는 우주 생활 이후 승무원들의 건강을 살피는 것이 가장 자연스럽다. 따라서 빈칸에 들어갈 말로 가장 알맞은 것은 ② '우주 생활 이후 그들의 건강을 검사한다'이다.
① 그 승무원을 위해 또 다른 모듈을 만든다.
③ 또 다른 임무를 위해 국제 우주 정거장으로 돌아간다

직독직해

Can humans live in space? / How would it affect us?
인간이 우주에서 살 수 있을까   그것은 우리에게 어떤 영향을 미칠까

/ Because of these questions, / scientists started
이러한 질문들 때문에   과학자들은 시작했다

the International Space Station (ISS). / The ISS is a
국제 우주 정거장(ISS)을   ISS는

large satellite. / Astronauts built it / by connecting
큰 인공위성이다   우주 비행사들은 그것을 건설했다   연결함으로써

many modules. / Scientists sent the first module /
많은 모듈들을   과학자들은 첫 번째 모듈을 보냈다

in 1998. / ❶ After that, / they kept adding more
1998년에   그 후   그들은 계속해서 더 많은 모듈들을 추가했다

modules.

This is a home / for astronauts. / They stay there /
이것은 집이다   우주 비행사들을 위한   그들은 거기에 머물며

and study space. / ❷ A new crew comes / every
우주를 연구한다   새로운 승무원이 온다

six months. / And the earlier crew / returns to the
6개월마다   그리고 이전의 승무원은   지구로 돌아간다

Earth. / Then, / scientists examine their health after
그런 다음   과학자들은 우주 생활 이후 그들의 건강을 검사한다

space life.

문장분석

❶ 〈주어 + 동사 + 목적어(동명사)〉 구조로, keep은 동명사를 목적어로 취하는 동사이며, 〈keep + 동사-ing〉는 '계속해서 ∼하다'라고 해석한다.

❷ every는 보통 〈every + 단수 명사〉의 형태로 쓰지만, 〈every + 수사 + 복수 명사〉의 형태로 쓰면 '∼마다, 매 ∼'라는 의미를 나타낸다. 따라서 every six months는 '6개월마다'라고 해석한다.

전문해석

인간이 우주에서 살 수 있을까? 그것은 우리에게 어떤 영향을 미칠까? 이러한 질문들 때문에, 과학자들은 국제 우주 정거장(ISS)을 시작했다. ISS는 큰 인공위성이다. 우주 비행사들은 많은 모듈들을 연결함으로써 그것을 건설했다. 과학자들은 1998년에 첫 번째 모듈을 보냈다. 그 후, 그들은 계속해서 더 많은 모듈들을 추가했다. 이것은 우주 비행사들을 위한 집이다. 그들은 거기에 머물며 우주를 연구한다. 새로운 승무원이 6개월마다 온다. 그리고 이전의 승무원은 지구로 돌아간다. 그런 다음, 과학자들은 <u>우주 생활 이후 그들의 건강을 검사한다</u>.

Step Up 2

> **1** ③   **2** ②
> **3** carry – set up – strong
> **4** they are good for keeping warm

문제해설

1 몽골 사람들은 집을 짓지 않고 게르에 사는데, 이는 게르가 운반하고 설치하기에 쉬우며, 튼튼해서 몽골의 극한의 날씨에도 견딜 수 있기 때문이라는 내용의 글이다. 따라서 글의 주제로 가장 알맞은 것은 ③ '몽골 사람들은 왜 게르를 이용하는가'이다.
① 게르는 무엇으로 만들어지는가
② 몽골 사람들은 어떻게 살아남는가

2 몽골 사람들은 그들의 동물들에게 먹일 먹이를 찾아야 해서 (They need to find food for their animals.) 계절마다 이동 한다고 했으므로, 동물 사냥을 위해 이동하며 산다는 ②는 알맞지 않다.

3 게르는 운반하고(carry) 설치하기에(set up) 쉬우며, 튼튼해서 (strong) 강한 바람과 눈에도 견딜 수 있다고 했다.

장점 1	장점 2	장점 3
당신은 그것을 쉽게 운반할 수 있다.	그것은 <u>설치하기에</u> 어렵지 않다.	그것은 바람과 눈에 <u>강하</u>다.

4 '~하기에 좋다'는 be good for로 표현하고, 전치사 for의 목적어로는 동명사(동사-ing)가 와야 하므로 keep을 keeping으로 바꾸고 keeping 다음에 형용사 보어 warm을 써서 문장을 완성한다.

직독직해

Mongolians don't build houses. / ❶ Instead, / they
몽골 사람들은 집을 짓지 않는다　　　대신에　　그들은

live in round tents / called gers. / This is because
둥근 텐트에서 산다　　게르라고 불리는　　이는 ~ 때문이다

they move every season. / They need to find food /
그들이 계절마다 이동하기　　그들은 먹이를 찾을 필요가 있다

for their animals. / So / gers are perfect / for them. /
그들의 동물들을 위해　그래서　게르가 완벽하다　그들에게는

❷ Gers are easy / to carry and set up.
　게르는 쉽다　　운반하고 설치하기에

Mongolia has extreme weather. / But gers are
몽골은 극한의 날씨를 가지고 있다　　　그러나 게르는

strong, / so people can live / in heavy winds and
튼튼해서　　사람들은 살 수 있다　　강한 바람과 눈 속에서도

snow. / Also, / they are good for keeping warm. /
　　　또한　　그것들은 따뜻하게 유지하기에 좋다

Nowadays, / gers are popular with tourists. / Many
요즘　　　게르는 관광객들에게 인기가 있다　　　많은

people want / to experience this unique culture.
사람들이 원한다　　이 독특한 문화를 경험하기를

문장분석

❶ called gers는 앞에 온 명사구 round tents를 수식하는 분사구이다. round tents가 부르는(call) 주체가 아니라 불리는 대상이므로, 과거분사인 called가 쓰였다.
❷ to carry and set up은 앞에 온 형용사 easy를 수식하는 부사적 용법으로 쓰인 to부정사구이다. 두 개의 동사 carry와 set이 and로 연결되어 to에 이어진다.

전문해석

몽골 사람들은 집을 짓지 않는다. 대신에, 그들은 게르(ger)라고

불리는 둥근 텐트에서 산다. 이는 그들이 계절마다 이동하기 때문이다. 그들은 그들의 동물들을 위해 먹이를 찾을 필요가 있다. 그래서 그들에게는 게르가 완벽하다. 게르는 운반하고 설치하기에 쉽다. 몽골은 극한의 날씨를 가지고 있다. 그러나 게르는 튼튼해서, 사람들은 강한 바람과 눈 속에서도 살 수 있다. 또한, 그것들은 따뜻하게 유지하기에 좋다. 요즘, 게르는 관광객들에게 인기가 있다. 많은 사람들이 이 독특한 문화를 경험하기를 원한다.

Step Out

1 He is interested in learning new cultures.
　　S　V　　　C　　　　　　　　M

2 Astronauts built it by connecting many modules.
　　　S　　　V　O　　　　　　M

3 They went to the beach during the vacation.
　　S　　V　　　M　　　　　　M

4 Lisa had dinner at the cafe with me.
　　S　V　　O　　M　　　M

5 Gers are good for keeping warm.
　　S　V　　C　　　M

1 satellite　　　　**2** season
3 extreme　　　　**4** Instead
5 crew

Unit 08 be동사의 보어

Step Up 1

> 1 ②
> 2 (1) 돈을 절약할 수 있다
>   (2) 쓰레기를 줄이는 데 도움이 된다
> 3 ②

문제해설

1 중고 물품을 쇼핑하면 돈을 절약할 수 있으며, 쓰레기를 줄이는 데도 도움이 된다고 했으므로, 필자가 주장하는 바로 가장 알맞은 것은 ②이다.

2 중고 거래의 장점으로 돈을 절약하는 것(The first goal is to save money.)과 쓰레기를 줄이는 데 도움이 된다(It helps reduce trash.)는 두 가지가 언급되어 있다.

3 재활용이나 업사이클링이 쓰레기를 줄이는 데 도움이 되는 방법들이지만, 중고 쇼핑은 쓰레기를 전혀 생산하지 않는다고 하였다. 따라서 중고 쇼핑이 재활용이나 업사이클링보다 더 좋다는 의미가 되어야 하므로, 빈칸에 들어갈 말로 가장 알맞은 것은 ② '훨씬 더 좋은'이다.
① 똑같은
③ 시간 절약의

직독직해

These days, / many people like / to shop for
요즘   많은 사람들이 좋아한다   쇼핑하기를

second-hand items. / The first goal / is to save
중고 물품을   그 첫 번째 목표는   절약하는 것이다

money. / But it has other good points. / ❶ It helps
돈을   하지만 그것은 다른 장점들도 가지고 있다   그것은 도움이 된다

reduce trash. / Recycling is one way / to reduce
쓰레기를 줄이는 데   재활용은 한 가지 방법이다   쓰레기를 줄이는

waste. / ❷ It is / collecting items / to make new
그것은 ~이다   (헌) 물품들을 수거하는 것   새 물건들을 만들기 위해

things. / Upcycling is another way. / It is changing
업사이클링은 또 다른 방법이다   그것은 변화시키는 것이다

items / to make something different.
(헌) 물품들을   다른 무언가를 만들기 위해

But shopping second-hand is even better. / It
하지만 중고 쇼핑은 훨씬 더 좋다   그것은

produces zero trash. / You can easily buy second-
쓰레기를 전혀 생산하지 않는다   당신은 쉽게 중고 물품들을 살 수 있다

hand items / online or at a store. / Now, / save money
온라인이나 상점에서   이제   돈을 절약하고

/ and reduce trash / for our planet Earth.
쓰레기를 줄여라   우리의 행성 지구를 위해

문장분석

❶ 〈주어 + 동사 + 목적어〉의 구조로, reduce는 동사 helps의 목적어 역할을 하는 원형부정사이다. help는 목적어로 to부정사(to reduce)와 원형부정사(reduce)를 둘 다 쓸 수 있으며, help (to) reduce는 '줄이는 것을 돕는다, 줄이는 데 도움이 된다'라고 해석한다.

❷ 〈주어 + 동사 + 보어(동명사)〉의 구조로, collecting items는 동사 is의 보어 역할을 하는 동명사구이다. to make new things는 '목적'의 의미를 나타내는 부사적 용법으로 쓰인 to부정사로, '~하기 위해'라고 해석한다.

전문해석

요즘, 많은 사람들이 중고 물품을 쇼핑하기를 좋아한다. 그 첫 번째 목표는 돈을 절약하는 것이다. 하지만 그것은 다른 장점들도 가지고 있다. 그것은 쓰레기를 줄이는 데 도움이 된다. 재활용은 쓰레기를 줄이는 한 가지 방법이다. 그것은 새 물건들을 만들기 위해 (헌) 물품들을 수거하는 것이다. 업사이클링은 또 다른 방법이다. 그것은 다른 무언가를 만들기 위해 (헌) 물품들을 변화시키는 것이다.
하지만 중고 쇼핑은 훨씬 더 좋다. 그것은 쓰레기를 전혀 생산하지 않는다. 당신은 온라인이나 상점에서 쉽게 중고 물품들을 살 수 있다. 이제, 우리의 행성 지구를 위해 돈을 절약하고 쓰레기를 줄여라.

Step Up 2

> 1 ②   2 ③
> 3 crust – plates – mantle
> 4 The problem is that these plates move

문제해설

1 맨틀 아래가 지각이 아니라, 지각 아래 맨틀이 있다고 했으므

로, 글의 내용과 일치하지 않는 것은 ②이다.

2 지각 때문에 맨틀이 갈라지는 것이 아니라, 맨틀이 서서히 흐르면서 딱딱한 지각이 조각들로 부서지고, 이 부서진 조각들이 판이라는 설명이다. 즉, 판에 대한 설명으로 알맞지 않은 것은 ③이다.

3 지각 아래에 맨틀이 흐르면서 딱딱한 지각이 조각으로 부서지는데 이를 판이라 부르고, 이 판들이 맨틀을 따라 움직이다 서로 충돌할 때 지진이 일어나며, 맨틀에서 나온 마그마가 지각의 틈을 발견하고 뚫고 나오는 것이 화산이라고 하였다.

판	지진	화산
지각이 조각으로 부서질 때	판들이 충돌할 때	맨틀에서 나온 마그마가 지각을 뚫고 나올 때

4 주어인 '문제', The problem을 맨 앞에 쓰고, 그 뒤에 be동사 is를 쓰며, is 뒤에 보어로 that 명사절을 써야 한다. 접속사 that 다음에 명사절의 주어 these plates를 쓰고, 명사절의 동사 move를 그 뒤에 쓰면 된다.

직독직해

❶ We live / on a hard surface / called the crust. /
우리는 산다　　　단단한 표면 위에　　　지각이라고 불리는

The crust is / a thin layer of solid rock. / Below the
지각은 ～이다　　　단단한 암석의 얇은 층　　　지각 아래

crust, / we have the mantle. / It is hot rock / and
　　　우리는 맨틀을 가지고 있다　　그것은 뜨거운 바위이고

flows slowly! / These two top layers of the Earth /
천천히 흐른다　　　　지구의 이 두 개의 꼭대기 층은

do amazing things. / As the mantle flows, / the hard
놀라운 일들을 한다　　　맨틀이 흐르면서

crust breaks into pieces. / These pieces are called
딱딱한 지각은 조각들로 부서진다　　　이 조각들은 판이라고 불린다

plates.

The problem is / that these plates move / along
문제는 ～이다　　　이 판들이 움직인다는 것　　　그 맨틀을 따라

with the mantle. / And sometimes, / they crash into
그 맨틀을 따라　　　그리고 때때로　　　그것들은 충돌한다

each other. / It causes earthquakes. / ❷ Sometimes,
서로　　　그것이 지진들을 일으킨다　　　때때로

/ magma from the mantle / finds a crack in the
맨틀에서 나온 마그마가　　　지각에서 틈을 발견한다

crust. / Then it breaks through. / This is a volcano.
　　　그러면 그것은 뚫고 나온다　　　이것이 화산이다

문장분석

❶ a hard surface가 전치사 on의 목적어이며, 그 뒤의 called the crust는 앞의 a hard surface를 꾸며 주는 말이다. '지각

이라고 불리는 단단한 표면 위에'라고 해석한다.
❷ 주어는 magma로, 뒤의 전치사구 from the mantle이 magma를 꾸며 주고 있다. 동사는 finds이다.

전문해석

우리는 지각이라고 불리는 단단한 표면 위에 산다. 지각은 단단한 암석의 얇은 층이다. 지각 아래, 우리는 맨틀을 가지고 있다. 그것은 뜨거운 바위이고 천천히 흐른다! 지구의 이 두 개의 꼭대기 층은 놀라운 일들을 한다. 맨틀이 흐르면서, 딱딱한 지각은 조각들로 부서진다. 이 조각들은 판이라고 불린다.
문제는 이 판들이 그 맨틀을 따라 움직인다는 것이다. 그리고 때때로, 그것들은 서로 충돌한다. 그것이 지진들을 일으킨다. 때때로, 맨틀에서 나온 마그마가 지각에서 틈을 발견한다. 그러면 그것은 뚫고 나온다. 이것이 화산이다.

Step Out

SENTENCES

1 His favorite activity is drawing cute animals.
　　　S　　　　　　　　V　　　C

2 The most important thing is to be honest.
　　　S　　　　　　　　V　　　C

3 The problem is that these plates move.
　　　S　　　V　　　C

4 The first goal is to save money.
　　　S　　　V　　　C

5 Upcycling is changing items to make something
　　　S　　V　　　C　　　　　M
different.

WORDS

1 (to) reduce　　　**2** flows

3 another　　　**4** crack

5 second-hand

Unit 09 일반동사의 보어

Step Up 1

> 1 ③
>
> 2 파란색과 녹색보다 빨간색과 노란색 빛을 더 많이 걸러 낸다
>
> 3 ③

문제해설

1 흰긴수염고래는 물 밖에서는 파란색이 아니지만 물속에서는 연한 파란색으로 보이는데, 이는 빛과 물 때문에 물속에서는 사물들이 더 파랗거나 녹색으로 보인다는 내용의 글이다. 따라서 글의 주제로 가장 알맞은 것은 ③ '왜 사물들이 물속에서 더 파랗게 보이는가'이다.
① 무엇이 물속에서 색깔을 변하게 하는가
② 왜 사람들이 흰긴수염고래를 파란색이라고 생각하는가

2 물속에서 색깔이 달라 보이는 것은 빛과 물 때문인데, 물과 빛의 색의 관계를 설명한 문장은 The water filters out red and yellow light more than blue and green.(물은 파란색과 녹색보다 빨간색과 노란색 빛을 더 많이 걸러 낸다.)이다.

3 지구상에서 가장 큰 동물인 흰긴수염고래(blue whale)는 물 밖에서는 파란색이 아니지만 물속에서는 연한 파란색으로 보이는데, 이는 빛과 물 때문에 고래의 색깔이 물속에서 달라 보이는 것이라고 했다. 따라서 고래가 몸의 색을 바꿔 가며 위장한다는 ③은 흰긴수염고래에 대한 설명으로 알맞지 않다.

직독직해

Blue whales are the largest animals / on the planet.
흰긴수염고래는 가장 큰 동물이다　　　　지구상에서

/ They are not blue / out of the water. / But their
그들은 파란색이 아니다　　　물 밖에서는　　　그러나 그들의

color turns light blue underwater. / This is how
색은 물속에서 연한 파란색으로 변한다　　　이래서

they got their name. / ❶ Their color becomes
그들은 그들의 이름을 얻었다　　　그들의 색은

different underwater / because of the light and the
물속에서 달라진다　　　빛과 물 때문에

water.

The water filters out red and yellow light / more
물은 빨간색과 노란색 빛을 걸러 낸다

than blue and green. / ❷ This is why things
파란색과 녹색보다 더 많이　　　이것이 ~ 이유이다

underwater look more blue or green. / Look at
물속의 사물들이 더 파랗거나 녹색으로 보이는　　　봐라

pictures of the sea. / It is blue and green / on sunny
바다의 사진을　　　파랗고 녹색이다　　　화창한 날에는

days.

문장분석

❶ because와 because of는 둘 다 '~ 때문에'라고 해석하는데, because는 접속사이므로 뒤에 〈주어+동사〉가 오고, because of는 전치사구이므로 뒤에 명사(구)가 온다.
❷ 〈This is why+주어+동사〉는 '이것이 ~한 이유이다(그래서[그 결과] ~하다)'라고 해석하며, why 뒤에는 결과에 해당하는 내용이 온다. 참고로 〈This is because+주어+동사〉는 '이는 ~ 때문이다'라고 해석하며, because 뒤에 원인(이유)에 해당하는 내용이 온다.

전문해석

흰긴수염고래(blue whale)는 지구상에서 가장 큰 동물이다. 그들은 물 밖에서는 파란색이 아니다. 그러나 물속에서 그들의 색은 연한 파란색으로 변한다. 이래서 그들은 그들의 이름을 얻었다. 빛과 물 때문에 그들의 색깔은 물속에서 달라진다.
물은 파란색과 녹색보다 빨간색과 노란색 빛을 더 많이 걸러 낸다. 이것이 물속의 사물들이 더 파랗거나 녹색으로 보이는 이유이다. 바다의 사진을 봐라. 화창한 날에는 파랗고 녹색이다.

Step Up 2

> 1 ②　　　2 ③
>
> 3 ②
>
> 4 (A) delicious　(B) good

문제해설

1 멕시코의 인기 있는 음식인 타코 요리법에 대해 설명한 글이다. 따라서 글의 제목으로 가장 알맞은 것은 ② '타코, 멕시코의 맛'이다.
① 당신의 건강을 위해 타코를 먹어라
③ 지금 당신 자신의 타코를 만들어라

2 멕시코 사람들은 아침, 점심이나 저녁으로 타코를 즐겨 먹는다고 했으므로, 타코에 대한 설명으로 알맞지 않은 것은 ③이다.

3 멕시코의 많은 길모퉁이에서 타코를 파는 가판대들을 찾을 수 있다고 했으므로, 글의 내용과 일치하는 것은 ②이다.

4 감각을 나타내는 동사 taste와 smell 뒤에는 형용사 보어가 오므로, 형용사인 delicious와 good이 알맞다.

직독직해

Tacos are a popular food / in Mexico. / They look
타코는 인기 있는 음식이다　　멕시코에서　　그것들은

delicious, / but they taste even more delicious. / It is
맛있어 보이는데　　그것들은 훨씬 더 맛있는 맛이 난다.　　그것은

not hard to make. / On a tortilla, / put ingredients /
만들기에 어렵지 않다　　토르티야 위에　　재료들을 놓아라

like beef, chicken, fish, or beans. / ❶ Add some
소고기, 닭고기, 생선, 또는 콩과 같은　　추가하라

vegetables like onions / and some salsa sauce. /
양파 같은 채소들과　　살사 소스를 좀

Now, / fold it and enjoy.
이제　　그것을 접어서 즐겨라

In Mexico, / people enjoy tacos / for breakfast,
멕시코에서　　사람들은 타코를 즐겨 먹는다　　아침,

lunch, or dinner. / You can find taco stands / on
점심, 또는 저녁으로　　당신은 타코 가판대들을 찾을 수 있다

many street corners. / Each stand has its own
많은 길모퉁이에서　　각각의 가판대는 그 자신의

special recipes. / ❷ They smell so good / that you
특별한 요리법을 가지고 있다　　그것들은 냄새가 아주 좋아서　　당신은

get hungry right away.
곧바로 배가 고파진다

문장분석

❶ some vegetables와 some salsa sauce는 동사 Add의 목적어 역할을 하는 명사구이며, like onions는 some vegetables를 수식하는 전치사구로 쓰였다.
❷ 〈so + 형용사 + that + 주어 + 동사〉 구조로, '아주 ~해서 …하다'라고 해석한다.

전문해석

타코는 멕시코에서 인기 있는 음식이다. 그것들은 맛있어 보이는데, 훨씬 더 맛있는 맛이 난다. 그것은 만들기에 어렵지 않다. 토르티야 위에 소고기, 닭고기, 생선, 또는 콩과 같은 재료들을 놓아라. 양파 같은 채소들과 살사 소스를 좀 추가하라. 이제, 그것을 접어서 즐겨라.
멕시코에서, 사람들은 아침, 점심, 또는 저녁으로 타코를 즐겨 먹는다. 당신은 많은 길모퉁이에서 타코 가판대들을 찾을 수 있다. 각각의 가판대는 그 자신의 특별한 요리법을 가지고 있다. 그것들은 냄새가 아주 좋아서 당신은 곧바로 배가 고파진다.

Step Out

SENTENCES

1 In autumn, the trees become red and yellow.
　　　　M　　　　　S　　　　　V　　　　C

2 She gets tired after a long day.
　　　S　　V　　C　　　　　M

3 Things underwater look more blue or green.
　　　　　　S　　　　　V　　　　　C

4 Tacos taste even more delicious.
　　　S　　V　　　　　　C

5 The sky turns dark as the sun sets.
　　　S　　V　　C　　　　M

WORDS

1 vegetables　　**2** light
3 popular　　**4** stands
5 ingredients

Unit 10 — 목적격보어 (5형식)

Step Up 1

1 ②　　　2 ①
3 records[footprints] – bad

문제해설

1 발자국이 흔적을 남기는 것처럼, 우리가 온라인에 접속하면 그 활동 기록이 인터넷 어딘가에 남는데 그것을 디지털 발자국이라고 한다고 했다. 따라서 디지털 발자국의 정의로 가장 알맞은 것은 '인터넷에 남은 활동 기록'이다.

2 인터넷 활동 기록은 오랫동안 남아 있다고 했으므로, 안 좋은 댓글을 지우더라고 디지털 발자국은 어딘가에 남아 있을 수 있다는 맥락이 되어야 한다. 따라서 빈칸에 들어갈 말로 가장 알맞은 것은 ① '온라인에 남을'이다.
② 가치 있게 될
③ 시간이 흐르면서 변할

3 디지털 기록[발자국](records[footprints])은 오랫동안 어딘가에 남아 있을 수 있으니, 안 좋은(bad) 댓글을 남기지 말고 삭제하라고 조언한다고 했다.

> 당신의 온라인 기록[발자국]은 오랫동안 인터넷에 남아 있으니, 온라인에 뭔가 안 좋은 것을 하지 않도록 해라.

직독직해

❶ Like a trail of footprints, / you leave a trail
발자국의 흔적처럼　　　　　당신은 흔적을 남긴다

online. / It is called a digital footprint. / When you
온라인에　　　그것은 디지털 발자국이라고 불린다　　　당신이

are online, / the records are somewhere on the
온라인에 접속할 때　　　그 기록이 인터넷 어딘가에 존재한다

Internet. / And they stay there / for a long time. /
　　　　그리고 그것들은 거기에 계속 남아 있다　　오랫동안

❷ So be careful / when you write a comment or a
그러므로 주의를 기울여라　　당신이 댓글이나 메시지를 작성할 때

message.

We often see / people leave bad comments. / It
우리는 종종 본다　　사람들이 안 좋은 댓글을 남기는 것을　　그것은

makes others frown. / And some comments even
다른 사람들이 얼굴을 찡그리게 만든다　　그리고 어떤 댓글은

hurt others' feelings. / Some advise them / to
다른 사람들의 감정을 상하게 하기도 한다　어떤 사람들은 그들에게 조언한다

delete the bad comments. / But traces of the
안 좋은 댓글을 삭제하라고　　　　하지만 디지털 발자국의 흔적은

digital footprint / can remain online.
　　　　　　　온라인에 남을 수 있다

문장분석

❶ 〈전치사구 + 주어 + 동사 + 목적어〉의 구조로, like가 전치사로 쓰일 때는 '~처럼, ~ 같은'이라고 해석한다. leave는 '남기다'라는 의미로 쓰였다.
❷ 동사원형(be)으로 시작한 명령문이고, 〈when + 주어 + 동사 ~〉는 시간을 나타내는 부사절로 '~할 때'라고 해석한다.

전문해석

발자국의 흔적처럼, 당신은 온라인에 흔적을 남긴다. 그것은 디지털 발자국이라고 불린다. 당신이 온라인에 접속할 때, 그 기록이 인터넷 어딘가에 존재한다. 그리고 그것들은 오랫동안 거기에 계속 남아 있다. 그러므로 당신이 댓글이나 메시지를 작성할 때 주의를 기울여라.
우리는 종종 사람들이 안 좋은 댓글을 남기는 것을 본다. 그것은 다른 사람들이 얼굴을 찡그리게 만든다. 그리고 어떤 댓글은 다른 사람들의 감정을 상하게 하기도 한다. 어떤 사람들은 그들에게 안 좋은 댓글을 삭제하라고 조언한다. 하지만 디지털 발자국의 흔적은 온라인에 남을 수 있다.

Step Up 2

1 ③
2 warmer – drier – more often – bigger
3 ②
4 it turned everything black

문제해설

1 넓은 지역을 불태우는 대규모 산불이 많이 일어나고 있는데, 이는 더 더워지고 건조해진 지구의 기후 변화 때문이라는 내용의 글이다. 따라서 글의 제목으로 가장 알맞은 것은 ③ '기후 변화와 산불'이다.
① 산불의 주요 원인
② 산불과 그로 인한 피해

2 오늘날, 산불이 더 자주(more often) 일어나며, 그 규모 또한 점점 더 커져서(bigger) 넓은 지역을 불태우는데, 이는 과학자들에 따르면 기후 변화, 즉 지구가 점점 더 더워지고 건조해지기(warmer and drier) 때문이라는 내용의 글이다.

원인	결과 1	결과 2
지구가 점점 더 더워지고 더 건조해진다.	산불이 더 자주 일어난다.	산불이(산불 규모가) 점점 더 커진다.

3 2020년에 호주에서 발생한 산불은 1,200만 헥타르를 태웠는데, 이는 잉글랜드 면적과 비슷하다(about the size of England)고 했으므로, 글의 내용과 일치하는 것은 ②이다.

4 〈주어(it) + 동사(turn) + 목적어(everything) + 목적격보어(black)〉의 형태로 쓴다. 과거시제가 되어야 하므로, turn은 turned로 바꿔 쓴다.

직독직해

Today, / we see more wildfires burning large areas.
오늘날　　　우리는 더 많은 산불이 넓은 지역을 불태우는 것을 본다

/ Even worse, / they are getting bigger. / Scientists
훨씬 더 안 좋은 것은　　그것들이 점점 더 커지고 있다　　　과학자들은

say / this is because of climate change. / ❶ The
말한다　　이것이 기후 변화 때문이라고

Earth is getting warmer and drier. / And it makes
지구가 점점 더 더워지고 건조해지고 있다　　　그리고 그것은 만든다

wildfires happen more often. / ❷ Once a wildfire
산불이 더 자주 발생하게　　　　일단 산불이 시작되면

starts, / it can last for a long time.
그것은 오랫동안 지속될 수 있다

In 2020, / a huge wildfire in Australia / burned
2020년에　　　호주에서는 거대한 산불이　　　태웠다

12 million hectares. / That is about the size of
1,200만 헥타르를　　　그것은 대략 잉글랜드의 면적이다

England! / People called it "Black Summer" / because
사람들은 그것을 'Black Summer'라고 불렀다

it turned everything black.
그것이 모든 것을 검게 변하게 했기 때문에

문장분석

❶ 〈get + 비교급〉 구문으로 '점점 더 ~해지다'로 해석하며, 형용사 warm과 dry의 비교급 warmer와 drier가 and로 연결되어 있다.

❷ Once a wildfire starts는 〈once + 주어 + 동사〉 형태의 부사절로, '일단 ~하면'이라고 해석한다. it은 부사절에 언급된 a wildfire를 가리키고, last는 '지속되다, 계속되다'라는 의미의 동사로 쓰였다.

전문해석

오늘날, 우리는 더 많은 산불이 넓은 지역을 불태우는 것을 본다. 훨씬 더 안 좋은 것은, 그것들이 점점 더 커지고 있다는 것이다. 과학자들은 이것이 기후 변화 때문이라고 말한다. 지구가 점점 더 더워지고 건조해지고 있다. 그리고 그것은 산불이 더 자주 발생하게 만든다. 일단 산불이 시작되면, 그것은 오랫동안 지속될 수 있다. 2020년에, 호주에서는 거대한 산불이 1,200만 헥타르를 태웠다. 그것은 대략 잉글랜드의 면적이다! 사람들은 그것이 모든 것을 검게 변하게 했기 때문에 그것을 'Black Summer(호주 대화재)'라고 불렀다.

Step Out

SENTENCES

1 He asked his friend to come by at 9.
　 S　 V　　 O　　　　 OC

2 They heard him talk about his trip.
　 S　 V　 O　　　 OC

3 She heard the children laughing loudly outside.
　 S　 V　　 O　　　　　 OC

4 Some advise them to delete the bad comments.
　 S　 V　 O　　　　 OC

5 People call it "Black Summer."
　 S　 V O　　 OC

WORDS

1 trail[trace]　　**2** frown
3 last　　**4** climate
5 happen

Step Up 1

1 ① **2** ③
3 (1) are bigs fan of (2) go crazy about

문제해설

1 사람들마다 각자 가장 좋아하는 스포츠가 있는 것처럼, 나라마다 인기 있는 스포츠가 다르다는 내용의 글이다. 따라서 글의 주제로 가장 알맞은 것은 ①이다.

2 미국에서는 축구보다 미식축구, 야구, 농구가 더 인기가 있다(In the U.S., football, baseball, and basketball are more popular than soccer.)고 했으므로, 미국에서는 미식축구를 축구만큼 즐긴다는 ③은 글의 내용과 일치하지 않는다.

3 밑줄 친 love는 '아주 좋아하다'라는 의미이므로, are big fans of(~의 열렬한 팬이다)와 go crazy about(~에 열광하다)과 바꿔 쓸 수 있다.

직독직해

❶ Some people love watching sports. / Others
어떤 사람들은 스포츠를 보는 것을 아주 좋아한다   다른 사람들은

enjoy playing them. / But they all love sports very
스포츠를 하는 것을 즐긴다   하지만 그들은 모두 스포츠를 아주 많이 사랑한다

much. / And each person has their favorite sports. /
그리고 각 사람은 자신이 가장 좋아하는 스포츠가 있다

Like this, / there are more popular sports / in each
이와 같이   더 인기 있는 스포츠가 있다   각 나라에

country. / For example, / in China, / people are big
예를 들어   중국에서   사람들은

fans of table tennis. / In Canada, / ice hockey is the
탁구의 열렬한 팬들이다   캐나다에서는   아이스하키가

top sport.
최고의 스포츠이다

❷ In the U.S., / football, baseball, and basketball are
미국에서는   미식축구, 야구와 농구가

more popular / than soccer. / And people in New
더 인기가 있다   축구보다   그리고 뉴질랜드 사람들은

Zealand / go crazy about rugby. / What are the
럭비에 열광한다   무엇인가

popular sports / in your country?
인기 있는 스포츠는   당신의 나라에서

문장분석

❶ some ~, others ...는 '(불특정 다수 중) 어떤 사람[것]은 ~, 다른 사람[것]은 …'이라고 해석한다.
❷ 〈비교급 + than〉은 두 대상을 비교할 때 쓰는 표현으로 '더 ~한'이라고 해석한다.

전문해석

어떤 사람들은 스포츠를 보는 것을 아주 좋아한다. 다른 사람들은 스포츠를 하는 것을 즐긴다. 하지만 그들은 모두 스포츠를 아주 많이 사랑한다. 그리고 각 사람은 자신이 가장 좋아하는 스포츠가 있다. 이와 같이, 각 나라에 더 인기 있는 스포츠가 있다. 예를 들어, 중국에서, 사람들은 탁구의 열렬한 팬들이다. 캐나다에서는, 아이스하키가 최고의 스포츠이다.
미국에서는, 미식축구, 야구와 농구가 축구보다 더 인기가 있다. 그리고 뉴질랜드 사람들은 럭비에 열광한다. 당신의 나라에서 인기 있는 스포츠는 무엇인가?

Step Up 2

1 ②   **2** ③
3 it usually comes from its old name
4 ③

문제해설

1 나라마다 이름이 있는데, 옛 이름에서 온 한국(Korea)이나 중국(China)과 달리 일본(Japan)은 중국을 여행 중이었던 마르코 폴로가 중국 사람들이 일본을 'Zhifanguo'라고 부르는 것을 듣고, 그의 책에서 일본을 'Cipangu'라고 쓴 것에서 Japan이라는 이름을 얻게 되었다는 내용의 글이다. 따라서 글의 주제로 가장 알맞은 것은 ②이다.

2 일본은 중국에서 보면 동쪽에 있는 나라여서, 중국 사람들은 일본을 Zhifanguo(떠오르는 태양의 땅)라고 부른데서 유래했다고 했으므로, 나라 이름에 대한 설명으로 알맞은 것은 ③이다.

3 주어가 '그것'이므로 it으로 쓰고, '~에서 유래한다'는 come from으로 표현하며, 빈도부사 usually(주로)는 일반동사 앞에 쓴다. 또, '그것의 옛 이름'은 its old name이라고 표현한다. 따라서 우리말에 맞게 영어로 쓰면 it usually comes from its old name이다.

4 한국(Korea)과 중국(China)은 옛 이름인 Goryeo와 Qin에서 왔지만, 일본(Japan)은 중국 사람들이 일본을 Zhifanguo라고 부르는 것을 마르코 폴로가 듣고 자신의 책에서 Cipangu라고 쓴 것에서 유래해 Japan이 되었다고 했다. 따라서 빈칸에 들어갈 말로 가장 알맞은 것은 ③ '일본(Japan)이라는 이름은 다른 역사를 가지고 있다'이다.
① 일본(Japan)은 그것의 이름에 관한 슬픈 이야기를 가지고 있다
② 그 당시에 사람들이 일본이 있다는 것을 알지 못했다

하지만 일본(Japan)이라는 이름은 다른 역사를 가지고 있다. 오래 전에, 중국 사람들은 일본을 'Zhifanguo'라고 불렀다. 이것은 떠오르는 태양의 땅을 의미한다. 중국에서 보면, 일본은 동쪽에 있다. 13세기에, 마르코 폴로는 중국을 여행하고 있었다. 그곳에서, 그는 그 이름을 들었다. 나중에, 그는 그의 책에서 일본을 'Cipangu'라고 썼다. 이렇게 해서 일본은 그것의 이름을 얻게 되었다.

직독직해

Every country has a name. / And it usually comes
모든 나라는 이름을 가지고 있다   그리고 그것은 주로 유래한다

from its old name. / For example, / the name Korea
그것의 옛 이름에서   예를 들어   한국(Korea)이라는 이름은

/ comes from the kingdom of Goryeo. / China is
고려(Goryeo) 왕국에서 유래한다   중국(China)은

from the Qin (pronounced "Chin") Dynasty.
('Chin'이라고 발음되는) 진(Qin) 왕조에서 유래한다

But the name Japan / has a different history. /
하지만 일본(Japan)이라는 이름은   다른 역사를 가지고 있다

❶ Long ago, / the Chinese called Japan "Zhifanguo."
오래전에   중국 사람들은 일본을 'Zhifanguo'라고 불렀다

/ This means / land of the rising sun. / From China, /
이것은 의미한다   떠오르는 태양의 땅을   중국에서 보면

Japan is to the east. / ❷ In the 13th century, /
일본은 동쪽에 있다   13세기에

Marco Polo was traveling in China. / There, / he
마르코 폴로는 중국을 여행하고 있었다   그곳에서   그는

heard the name. / Later, / he wrote Japan / as
그 이름을 들었다   나중에   그는 일본을 썼다

"Cipangu" / in his book. / This is how Japan got its
'Cipangu'라고   그의 책에서   이렇게 해서 일본은 그것의 이름을 얻게 되었다

name.

문장분석

❶ 〈동사(call) + 목적어 + 목적격보어〉의 구조로, '~을 …라고 부르다'라고 해석한다.
❷ 진행형은 〈be동사 + 동사-ing〉로 나타내며, In the 13th century(과거)로 보아 과거진행형이 되어야 한다. 과거진행형은 〈was/were + 동사-ing〉의 형태로 쓰며, '~하고 있었다'라고 해석한다.

전문해석

모든 나라는 이름을 가지고 있다. 그리고 그것은 주로 그것의 옛 이름에서 유래한다. 예를 들어, 한국(Korea)이라는 이름은 고려(Goryeo) 왕국에서 유래한다. 중국(China)은 ('Chin'이라고 발음되는) 진(Qin) 왕조에서 유래한다.

SENTENCES

1 She answered the question quickly and correctly.
　　S　　　V　　　　O　　　　　　M

2 The tall tree provides lots of shade.
　　　S　　　　V　　　　O

3 Later, he wrote Japan as "Cipangu" in his book.
　　M　　S　　V　　O　　　M　　　　M

4 The little house by the lake looks very beautiful.
　　　　　　S　　　　　　　V　　　C

5 In Canada, ice hockey is the top sport.
　　M　　　　S　　　V　　　C

WORDS

1 rising　　　　**2** fans
3 go crazy　　**4** popular
5 century

Unit 12 · 형용사/부사적 용법의 to부정사

Step Up 1

1 ②   2 ②
3 ③

문제해설

1 지하철을 이용하면 교통 체증이 없기 때문에 바쁜 대도시에서도 시간을 잘 지킬 수 있으며, 지하철마다 색깔이 달라 타야 할 지하철을 쉽게 찾을 수도 있다는 내용의 글이다. 따라서 글의 제목으로 가장 알맞은 것은 ② '지하철을 이용한 빠르고 쉬운 이동'이다.
① 지하철을 이용해 시간을 잘 지켜라
③ 지하철이 없으면, 도시도 없다

2 지하철은 교통 체증이 없기 때문에 대도시에서도 늦지 않고 시간을 지켜 이동할 수 있으며(신속성), 지하철마다 색깔이 달라 타야 할 지하철을 쉽게 찾을 수 있다(편리성)고 했다. 지하철의 경제성은 글에 언급되지 않았다.

3 지하철은 다채로운 노선을 사용하는데, 각 색깔은 열차가 어디로 가는지를 보여 준다고 했다. 따라서 빈칸에 들어갈 말로 가장 알맞은 것은 ③ '타야 할 맞는 열차를 찾을'이다.
① 자신의 잃어버린 물품을 찾을
② 열차를 타고 내릴

직독직해

Every big city / has a subway system. / Buses are a
모든 대도시에는   지하철 시스템이 있다   버스는

good way / to move around a city. / ❶ But people
좋은 방법이다   도시를 돌아다니는   하지만 사람들은

use the subway / to travel quickly. / This is because
지하철을 이용한다   빠르게 이동하기 위해   이는 ~ 때문이다

there are no traffic jams. / Thanks to the subway, /
교통 체증이 없기   지하철 덕분에

people can be on time / in a busy city. / ❷ If you
사람들은 제시간에 도착할 수 있다   바쁜 도시에서   만약 당신이

have something important to attend, / take the
참석해야 할 중요한 무언가가 있다면   지하철을 타라

subway.

A lot of people ride the subway / every day. / So it
많은 사람들이 지하철을 탄다   매일   그래서 그것은

uses colorful lines. / Each color shows / where a
다채로운 노선을 사용한다   각 색깔은 보여 준다   어디로

train goes. / People can easily and quickly find the
열차가 가는지를   사람들은 쉽고 빠르게 찾을 수 있다

right train to take.
타야 할 맞는 열차를

문장분석

❶ to travel quickly는 '목적'의 의미를 나타내는 부사적 용법으로 쓰인 to부정사구로, '~하기 위해'로 해석한다.
❷ 보통 〈형용사 + 명사〉의 어순으로 쓰지만, -thing으로 끝나는 단어의 경우 〈-thing + 형용사〉의 어순으로 쓴다. 또, to attend 역시 something을 수식하는 형용사적 용법의 to부정사이다. 이런 경우 〈-thing + 형용사 + to부정사〉의 형태로 쓴다.

전문해석

모든 대도시에는 지하철 시스템이 있다. 버스는 도시를 돌아다니는 좋은 방법이다. 하지만 사람들은 빠르게 이동하기 위해 지하철을 이용한다. 이는 교통 체증이 없기 때문이다. 지하철 덕분에, 사람들은 바쁜 도시에서 제시간에 도착할 수 있다. 당신이 참석해야 할 중요한 무언가가 있다면, 지하철을 타라.
많은 사람들이 매일 지하철을 탄다. 그래서 그것은 다채로운 노선을 사용한다. 각 색깔은 열차가 어디로 가는지를 보여 준다. 사람들은 쉽고 빠르게 <u>타야 할 맞는 열차를 찾을</u> 수 있다.

Step Up 2

1 ③   2 ②
3 (1) **감사합니다**
　 (2) **미안합니다**
　 (3) **부탁합니다**
4 (D) **보여 주기 위해서**

문제해설

1 모든 사람들은 예의를 갖춘 사람을 존중하는데, 세 가지 간단한 마법의 말로 존중받는 사람이 될 수 있다는 내용의 글이다. 따라서 필자가 주장하는 바로 가장 알맞은 것은 ③이다.

2 두 번째 마법의 말은 '미안합니다(Sorry)'로 사과하는 것을 두려워하지 말고 표현하라고 했으므로, 미안한 감정은 표현하지 않는 것이 더 낫다는 ②는 글의 내용과 일치하지 않는다.

3 존중받는 사람이 되기 위해 사용해야 할 세 가지 마법의 말은 '감사합니다(Thanks)', '미안합니다(Sorry)', '부탁합니다 (Please)'이다.

4 (A), (D)는 '~하기 위하여'라는 목적의 의미를 나타내는 부사적 용법으로 쓰인 to부정사이다.
(B) 앞에 온 명사구 some magic words를 수식하는 형용사적 용법으로 쓰인 to부정사이다.
(C) 형용사 afraid를 수식하는 부사적 용법으로 쓰인 to부정사 이다.

직독직해

We feel happy / to see a person with good manners.
우리는 행복하다　　　　　예의를 갖춘 사람을 보면

/ And everyone respects that person. / ❶ To
그리고 모든 사람이 그 사람을 존중한다

become one, / there are some magic words to use.
그런 사람이 되기 위해서는　　　사용할 몇몇 마법의 말이 있다

/ The first magic word is "Thanks." / This word
첫 번째 마법의 말은 '감사합니다'이다　　　　이 말은

shows / you are polite. / And others will like you
보여 준다　당신이 예의 바르다는 것을　그리고 다른 사람들은 당신을 좋아할 것이다

more.
더 많이

The second magic word is "Sorry." / Don't be afraid
두 번째 마법의 말은 '미안합니다'이다　　　　두려워하지 마라

to apologize. / People will feel thankful / when you
사과하는 것을　　　사람들은 고맙게 느낄 것이다　　　당신이

express your feelings. / The third magic word is
당신의 감정을 표현할 때　　　세 번째 마법의 말은

"Please." / ❷ Use this word / to show / you respect
'부탁합니다'이다　이 말을 사용하라 / 보여 주기 위해서 / 당신이 존중한다는 것을

others. / It will make you a good person.
다른 사람들을　그것은 당신을 좋은 사람으로 만들 것이다

문장분석

❶ To become one은 '목적'의 의미를 나타내는 to부정사구로, '~하기 위해'라고 해석한다. 뒤에 some magic words(복수 명사)가 왔으므로, there are가 쓰였다. to use는 앞에 온 명사구 some magic words를 수식하는 형용사적 용법의 to부정사구로, '~할'이라고 해석한다.
❷ 동사원형(Use)으로 시작한 명령문이다. to show는 '목적'의 의미를 나타내는 to부정사구이고, you respect others는 앞에 접속사 that이 생략된 명사절로 show의 목적어 역할을 한다.

전문해석

우리는 예의를 갖춘 사람을 보면 행복하다. 그리고 모든 사람들이 그 사람을 존중한다. 그런 사람이 되기 위해서는, 사용할 몇몇 마법의 말이 있다. 첫 번째 마법의 말은 '감사합니다(Thanks)'이다.

이 말은 당신이 예의 바르다는 것을 보여 준다. 그리고 다른 사람들은 당신을 더 많이 좋아할 것이다.
두 번째 마법의 말은 '미안합니다(Sorry)'이다. 사과하는 것을 두려워하지 마라. 사람들은 당신이 당신의 감정을 표현할 때 고맙게 느낄 것이다. 세 번째 마법의 말은 '부탁합니다(Please)'이다. 당신이 다른 사람들을 존중한다는 것을 보여 주기 위해 이 말을 사용하라. 그것은 당신을 좋은 사람으로 만들 것이다.

Step Out

SENTENCES

1 <u>People</u> <u>use</u> <u>the subway</u> <u>to travel quickly</u>.
　　S　　V　　　O　　　　　M

2 <u>They</u> <u>found</u> <u>a movie to watch this weekend</u>.
　　S　　V　　　　　O

3 <u>They</u> <u>want</u> <u>someone creative to design their logo</u>.
　　S　　V　　　　　　O

4 <u>She</u> <u>was</u> <u>surprised</u> <u>to receive such a big gift</u>.
　　S　　V　　C　　　　M

5 <u>Companies</u> <u>use</u> <u>social media</u> <u>to advertise their</u>
　　　S　　　V　　　O　　　　　　M
<u>products</u>.

WORDS

1 traffic jams　　　　**2** thankful
3 respects　　　　　**4** on time
5 apologize

Workbook 정답

Unit 01

Words

A **01** (땅이) 메마른, 빈곤한 **02** 영양분 **03** 자원봉사자
04 끌어들이다, 마음을 끌다 **05** (물질을) 분해하다 **06** 어려움에
처한 **07** ~하는 데 어려움을 겪다 **08** blind **09** through
10 tightly **11** trap **12** liquid **13** soil **14** connect

B **01** breaks down **02** nutrients **03** attracts
04 hard time **05** in need

Sentences

A **01** 5-2-4-1-3 **02** 2-4-1-3
03 3-2-4-1 **04** 2-3-6-4-1-5

B **01** invited someone special
02 the gallery in the building
03 The plant gets nutrients
04 Blind people use the app

Unit 02

Words

A **01** 경고, 주의 **02** 언어 **03** 국립의, 국영의 **04** 연구소, 실험실
05 재미 **06** 줄을 서다 **07** B로부터 A를 보호하다 **08** explain
09 prepare **10** chemical **11** share **12** root **13** result
14 attack

B **01** chemicals **02** explain **03** share **04** protect
05 prepare

Sentences

A **01** 3-2-1-4 **02** 5-2-1-3-4
03 5-3-2-4-1 **04** 6-3-2-5-1-4

B **01** sends them out **02** is building its nest
03 tells herself to **04** asked himself the question

Unit 03

Words

A **01** 결합하다 **02** 먹어 보다, 시도하다 **03** 인공위성 **04** 추적하다
05 쓰레기 **06** 권장하다, 추천하다 **07** 위험 **08** culture
09 foreign **10** crash **11** collect **12** avoid **13** end
14 chance

B **01** tracking **02** junk **03** cultures **04** crashing
05 combining

Sentences

A **01** 2-5-1-4-3 **02** 4-3-1-2
03 2-4-3-1 **04** 2-1-5-4-3

B **01** Please stop using
02 The cat loves sleeping[to sleep]
03 He started playing[to play] **04** He finished doing

Unit 04

Words

A **01** 결정하다, 결심하다 **02** 흔한, 공통의 **03** 이해하다 **04** 외국인
05 자동차 **06** 노트북 컴퓨터 **07** 대가로, 답례로 **08** gesture
09 signal **10** rude **11** fist **12** exchange **13** continue
14 palm

B **01** signal **02** exchanged **03** common **04** trade
05 rude

Sentences

A **01** 2-5-4-1-3 **02** 3-2-4-1-5
03 2-1-4-3 **04** 4-3-2-5-1

B **01** tried posting it **02** we need to use
03 She continued trading[to trade] **04** we want to signal

Unit 05

Words

A **01** 몇몇의 **02** 아마도, 어쩌면 **03** 가짜의, 거짓된 **04** 등장인물
05 찾다, 알아내다 **06** 시간이 걸리다 **07** 그런 경우에는
08 source **09** fable **10** moral **11** good
12 information **13** ancient **14** childhood

B **01** takes time **02** characters **03** Perhaps
04 In that case **05** moral

Sentences

A **01** 4-2-1-3-5 **02** 3-4-2-5-1
03 4-1-3-5-2 **04** 6-3-1-4-5-2

B **01** how to solve **02** when to start
03 (that) there is fake information
04 how the machine works

Unit 06

Words

A **01** 불평하다 **02** 오염, 공해 **03** 감탄하다, 존경하다
04 재생 가능한 **05** 의미 있는 **06** 신비한, 불가사의한
07 고갈되다, 다 떨어지다 **08** action **09** include **10** cause
11 owner **12** appear **13** clever **14** erase

B **01** mysterious **02** run out **03** power **04** actions
05 meaningful

Sentences

A **01** 2-4-1-3 **02** 3-2-4-1
03 4-3-2-1 **04** 5-2-3-1-4

B **01** her that he doesn't[does not] have time
02 her daughter a red dress[a red dress for her daughter]
03 They are telling us that **04** why the sky is blue

Words

A 01 영향을 미치다 02 (인공)위성 03 승무원 04 국제적인
05 극한의, 극심한 06 설치하다 07 계속 ~하다 08 instead
09 season 10 astronaut 11 every 12 unique
13 perfect 14 experience
B 01 affect 02 kept 03 set up 04 every 05 experience

Sentences

A 01 4-1-5-3-2 02 2-5-4-1-3
03 4-2-1-3 04 3-2-4-1
B 01 is interested in learning 02 are popular with tourists
03 by practicing every day
04 by connecting many modules

Words

A 01 충돌하다, 부딪치다 02 층, 막 03 생산하다 04 쓰레기
05 쓰레기 06 지진 07 중고의 08 another 09 reduce
10 surface 11 solid 12 thin 13 flow 14 crack
B 01 earthquakes 02 produces 03 layer 04 waste
05 surface

Sentences

A 01 2-4-5-1-3 02 4-1-3-5-2
03 1-4-6-3-2-5 04 3-4-2-5-1-6
B 01 Her job is keeping 02 is making new friends
03 is that teamwork leads to success
04 is to help people

Words

A 01 요리법, 조리법 02 ~도, ~조차; 훨씬 03 (요리의) 재료
04 채소 05 물속에서 06 ~의 밖에서 07 ~을 걸러 내다
08 bean 09 onion 10 fold 11 own 12 popular
13 light 14 stand
B 01 fold 02 even 03 out of 04 own 05 filters out

Sentences

A 01 1-3-2-5-4 02 2-1-3-4
03 3-1-2 04 3-4-1-2
B 01 You get hungry 02 The sky turns dark
03 Their color turns light blue 04 He got sick

Words

A 01 흔적, 자국 02 발생하다, 벌어지다 03 산불, 들불
04 삭제하다 05 남기다 06 얼굴을 찡그리다 07 어딘가에
08 last 09 climate 10 advise 11 record 12 footprint
13 huge 14 worse
B 01 footprint 02 worse 03 wildfires 04 somewhere
05 delete

Sentences

A 01 2-3-1-4 02 4-3-2-1-5
03 3-1-5-4-2 04 6-3-1-5-2-4
B 01 keep food fresh 02 makes wildfires happen
03 turned everything black
04 allow guests to bring

Words

A 01 왕조 02 세기, 100년 03 떠오르는 04 ~에서 유래하다
05 예를 들어 06 ~의 열렬한 팬 07 ~에 열광하다 08 mean
09 favorite 10 like 11 popular 12 each 13 country
14 kingdom
B 01 country 02 Dynasty 03 Each 04 Like
05 kingdom

Sentences

A 01 3-1-4-2 02 2-3-1-4
03 1-4-3-2 04 4-3-1-2
B 01 Japan is to the east 02 of the very high mountain
03 a really good opportunity 04 big fans of table tennis

Words

A 01 다채로운, 형형색색의 02 사과하다 03 타다 04 예의, 매너
05 교통 체증 06 ~ 덕분에 07 제시간에 08 attend
09 respect 10 magic 11 polite 12 afraid 13 thankful
14 express
B 01 express 02 polite 03 ride 04 magic 05 manners

Sentences

A 01 2-3-4-1 02 4-2-3-1
03 5-1-3-4-2 04 1-4-2-3
B 01 anything cold to drink 02 something new to try
03 need a friend to talk to
04 find the right train to take

Step by Step
초등 영구문, 독해의 힘!
LEVEL 2
정답과 해설

EBS

초등부터 EBS

교과서 기본과 응용 문제, 한 번에 잡자!

초 1~6학년, 학기별 발행

만점왕 수학 플러스

EBS
만점왕
수학 플러스
교과서 기본과 응용 문제를 한 번에 잡는 교과서 기본+응용
1-1

EBS
만점왕
수학 플러스
교과서 기본과 응용 문제를 한 번에 잡는 교과서 기본+응용
2-2

1 만점왕 수학이 쉬운 중위권 학생을 위한 문제 중심 수학 학습서

2 교과서 개념과 응용 문제로 키우는 문제 해결력

3 인터넷·모바일·TV로 제공하는 무료 강의

다음 학년 수학이 쉬워지는
초 / 등 / 수 / 해 / 력

대한민국 교육의 NO.1 EBS가 작심하고 만들었다!

초등 수해력

국어를 잘하려면 문해력, 수학을 잘하려면 수해력!
〈초등 수해력〉으로 다음 학년 수학이 쉬워집니다.

**필요한 영역별,
단계별로 선택해서
맞춤형 학습 가능**

**쉬운 부분은 간단히,
어려운 부분은 집중 강화하는
효율적 구성**

**모르는 부분은
무료 강의로 해결**
primary.ebs.co.kr
* P단계 제외

수학 능력자가 되는 가장 쉬운 방법

EBS 초등사이트에서
수해력 진단평가를
실시합니다.

진단평가 결과에 따라
취약 영역과 해당 단계 교재를
〈초등 수해력〉에서 선택합니다.

교재에서 많이 틀린 부분,
어려운 부분은
무료 강의로 보충합니다.

우리 아이의 수학 수준은?